SANCTIS ET IN

Et gloriosissimæ Dei Genitrici MARIAE Virgini Dominæ nrã: ac beatissimo Patriarchæ

et ad Christum ueluti membra, ad caput omnium perfectionũ fontem consistere credimus: Ita ad illam aut

orandi secundum quem beatissima uirgo Maria, mater Dei per centum quinquaginta Salutationes An

dicitur a nro Sanctissimo Patre diuo Dominico institutus, et a Summis Pontificibus approbatus priuilegi

conducit: Nam præter hoc quod beatissima Dei Genitrix cuius intercessio nobis perfectionem hanc imp

illam consequitur: dum IESV Christi Salvatoris nri uitam omnem per quindecim mysteria [illegible]

VERCELLANÆ Diœcesis in Comitatu [illegible] præsertim R. D. La

uandum prædictũ modum orandi Confraternitatem Psalterij seu Rosarij sub inuocatione Beatæ Mariæ uirginis in

erigendi a nobis instantissime petijstis (per interpositas personas R. [illegible] Honofrij Benaci [illegible]

fauoribus [illegible]: NOS igitur uestris uotis et petitionibus inclinati dictam Confratriam Psalterij

erigendi [illegible] tamen prædicatione alicuius Patris nri Ordinis, auctoritate nostri officij tenore præsentium [illegible]

Eamqs Societatem quamprimum per uos constructam et quorumlibet in eadem receptorũ utriusqs sexus perso

potiuntur, recipimus et admittimus in uita pariter et in morte: Decernentes insuper eiusdem Sanctissimi [illegible]

PP. XIII. decretum et [illegible] in præterita et memoranda uictoria contra Turcas eiusdem Societatis [illegible]

Cappellanũ pro hac uice dumtaxat constituimus sup.[ta] R. D. Laurentium successiue autem illum ex nunc [illegible]

quorumcunqs in eandem Societatem ingredi et recipi uolentium in libro ad hoc specialiter deputato possit sc

singula facere quæ R. Patres nostri in Ecclesijs nris ad hæc deputati facere possunt aut consueuerunt: absqs ta

benedictione nihil accipiatur, prout ipsius piæ Societatis capitula habent et sanctiones, uti etiam Nos gratis c

nuncprimum et successiue singulis annis scribentur ad propinquiorem dicto Oppido nri Ordinis Conuen

cunqs in contrarium facientibus non obstantibus. IN QVORVM fidem his patẽ Lit

Die Quarta Aprilis. M. D. LXXVII. F Cappellanus Illmi. et Rmi. P

[illegible]

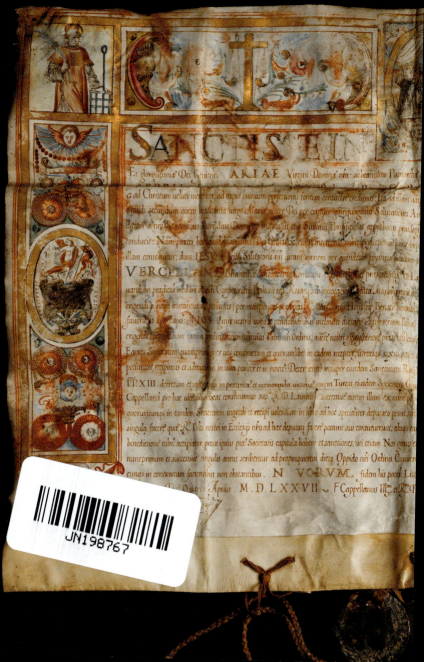

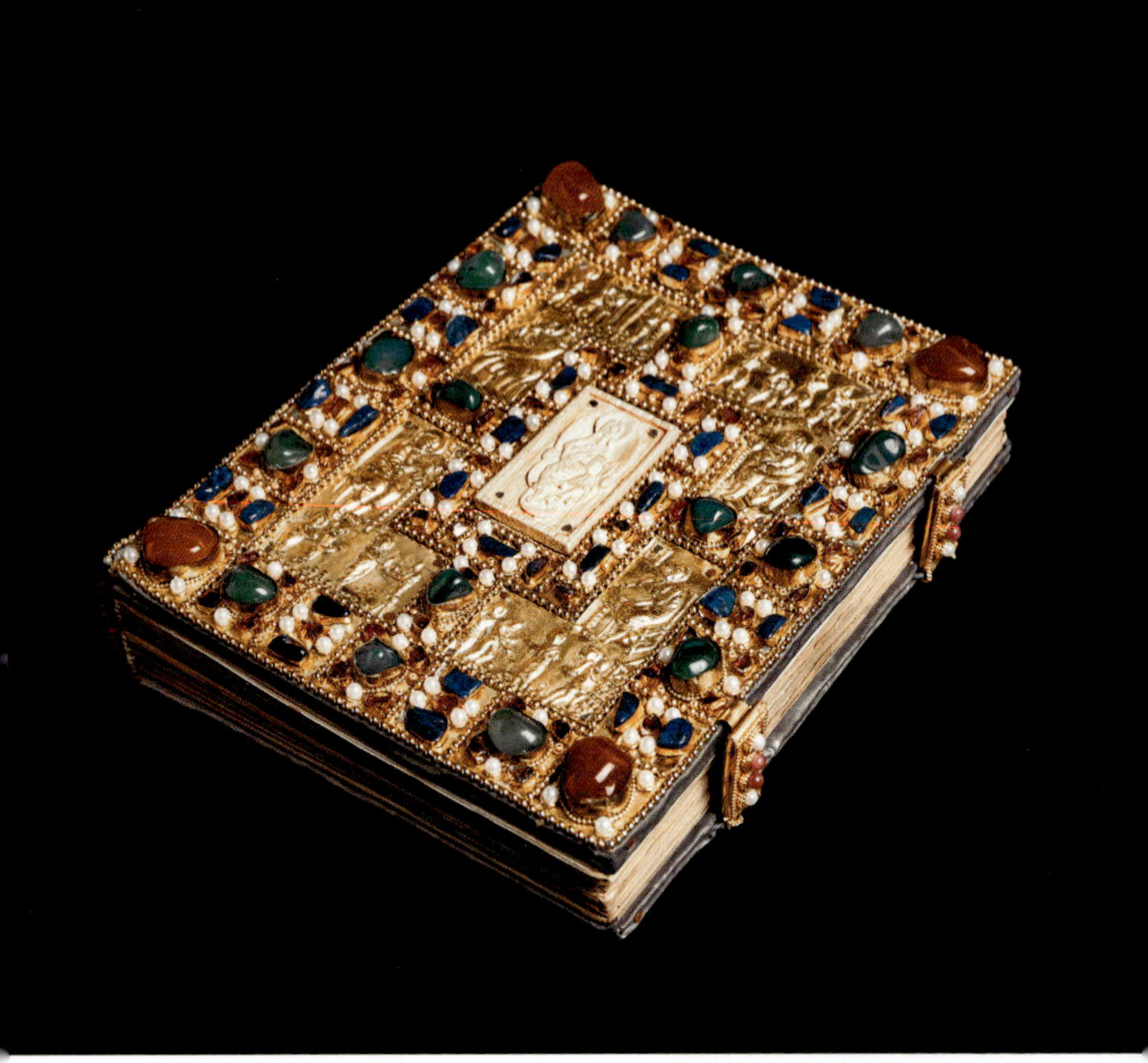

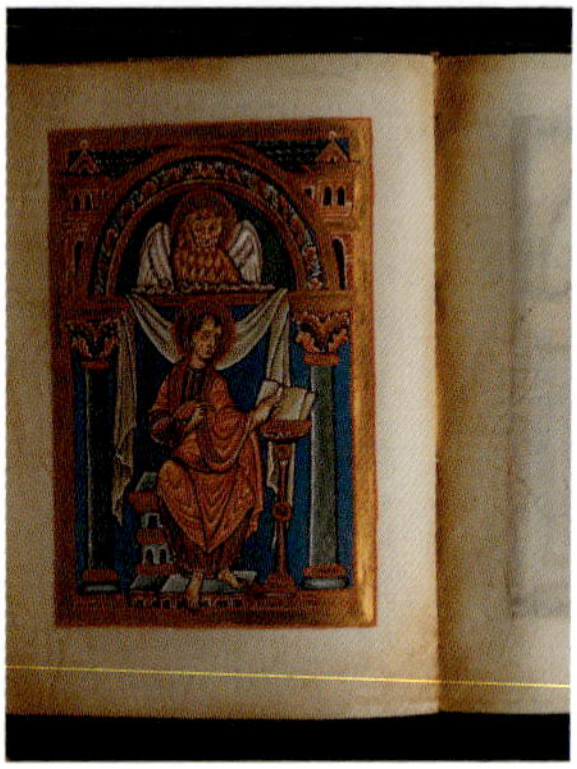

連想するように、羊皮紙と言えば「宝の地図」、「未知の世界への道しるべ」、「神秘的な魔法のアイテム」というイメージを自然と持つようになった。

羊皮紙とは

そんなイメージのある羊皮紙だが、「冒険・ファンタジーアイテム」ではなく実在する。かならずしも宝の地図ではなく、多くの場合一般的な「紙」として——歴史を通して使われてきた実用品だ。一五世紀半ばにグーテンベルクが活版印刷術を開発するまで、多くの書物は「羊皮紙に手書き」で作られてきた。このような書物は、「人の手で書き写された本」として「写本」と呼ばれる。「写本」と言うと、私たちが通常読むような冊子の本をイメージする方も多いと思うが、英語で言うと「Manuscript」(マニュスクリプト)。ラテン語起源のことばで「手で書かれたもの」を意味する。つまり、冊子であれ巻物であれペラ物であれ、手で書かれた文書はすべて「マニュスクリプト」=「写本」なのだ。

一文字ひと文字手書きの写本は、必然的に高価で貴重。単なる情報伝達のツールではなく、多くの場合極彩色で彩られ、宝物のように扱われた。このようなものは、「彩飾写本」とも呼ばれる。

そもそも羊皮紙は普通の「紙」ではない。簡単に言うと、動物の皮から毛を剥ぎ取り、平ら

はじめに――ミステリアスな紙・羊皮紙

宝の地図

冒険――。

秘宝を求めて数多の困難を乗り越えながら、地図や手がかりを頼りに、その宝を手にする。私の少年の頃の憧れだ。中でも心奪われたのが、ハリソン・フォード主演の映画『インディ・ジョーンズ』シリーズ。エキゾチックな中東の街や、岩をくりぬいて作られたミステリアスな神殿、秘宝を求めた冒険に次ぐ冒険が、中学男子の心を掻き立てた。

冒険ストーリーにつきものなのが、「宝の地図」。いつどこで知った単語なのかわからないが、宝の地図と言えば「羊皮紙」というイメージを持っていた。

でも実際に「羊皮紙」なんて見たこともないし、そもそもあまり考えたこともない。映画のキャラクターと同様に、羊皮紙も「映画やゲームのアイテム」として、実在するかどうかさえ意識に上らなかったのだ。

逆に、現実から離れていれば離れているほど憧れはつのる。宝の地図と言えば「羊皮紙」を

羊皮紙をめぐる冒険

に伸ばして乾燥させたもの。さらに言うと、化学的に柔らかくする「なめし」処理をしていないため「レザー」とも異なる。また、日本では漢字で「羊皮紙」と書くので「ひつじの皮」だと思うのが自然だが、実際にはひつじだけでなく、山羊や仔牛からも作られるというからややこしい。

では羊皮紙は、いつ頃から使われているのだろう。

古代エジプトやメソポタミアなどでは、パピルスや粘土板以外に動物の皮も物書きに使っていたそうだ。「羊皮紙の起源」について、紀元一世紀ローマの学者で政治家のプリニウスが次のように記している。

> プトレマイオス王とエウメネス王の間で図書館についての争いがおこり、プトレマイオスはパピルスの輸出を停止し、そのためペルガモンにて羊皮紙が発明されたとウァロは伝えている。その後、この素材が一般に広まり、人類の不

紀元前２世紀頃のアレクサンドリアとペルガモン

滅性が確立した。　　　　　　　　　　　　（プリニウス『博物誌』一三巻二一章七〇節、著者訳）

当時、エジプト北部のアレクサンドリアという都市に大図書館があり、世界一の規模を誇っていた。そこに、小アジア半島の新興国であるペルガモン王国も「アレクサンドリアに負けてたまるか〜」と図書館を作る。当時は本（パピルスの巻物）が稀少だったため、特に「人気作家」であったアリストテレスの書物を巡る争奪戦が起こった。本を書くための「用紙」であるパピルスを独占輸出していたエジプトとしては、わざわざ競争相手に供給するのもしゃくに障る。その結果、ペルガモンにはパピルスが入らなくなり、「代用品」として動物の皮を使った羊皮紙が誕生したとのこと。動物の皮であればもうエジプトに頼らなくてもよい。しかも皮は丈夫だ！ということで羊皮紙の書物が広まった。

その後死海文書に代表されるヘブライ語聖書が羊皮紙に書かれ、さらには中世ヨーロッパで極彩色の写本文化が花開き、イスラム世界でも荘厳なコーランの文字が羊皮紙の上に踊った。日本では早くから植物繊維から作る紙文化だったのに対し、中東やヨーロッパではその歴史の大部分が「羊皮紙文化」だったのだ。

さあ、羊皮紙探究の冒険へ

映画などで見聞きしてはいた羊皮紙だが、私が初めて「羊皮紙」というものを意識したのは二〇〇六年。この本で後述するあることがきっかけだ。動物の皮で作った紙——一体どんなものなんだろう。見知らぬ地への憧れを抱くように、このミステリアスな「紙」への理想は高まるばかりだった。

これはそんな不思議な「紙」、羊皮紙をめぐる物語。

つのる憧れを追ってゆくと、ガッツリ現実が待ち構えていた。悪臭に抱かれながら風呂場で毛を抜き、羊皮紙と中世の写本を求めて世界を旅する。追究すればするほど深まる疑問と高まる好奇心。そんな終わりのない旅の実体験をつづる。

さあ皆さんも、羊皮紙づくりをしてみませんか？と呼びかける気は毛頭ないが（と言いつつ巻末付録でおすすめしてる）、そんな一人の物好きが本気で取り組んだ羊皮紙の探究をお愉しみください。

目次

第三章　よりよい羊皮紙を目指して

第四章　羊皮紙研鑽の旅

第一章

羊皮紙づくりのプレリュード

「羊皮紙のヤギです」

「名は体を表す」という。私の苗字は、都合のよいことに「八木」である。羊皮紙についての講演などで自己紹介をするとき「羊皮紙のヤギです」というと、必ず「覚えやすいですね」とか「そのまんまですね」と言われる。それに便乗して、私の名刺は山羊皮で作ってある。山羊皮の名刺入れではなく、名刺自体が山羊皮だ。なので一枚が高い（といっても三〇〇円）。ふところ事情が厳しい月は、名刺交換を避ける。

今となっては都合がよい名前だが、小学校時代はいやだった。当時のあだ名は「メーメー」。その由来は説明せずとも明らかだろう。遠足で動物園に行くと、さほど親しくもないクラスメイトから唐突に「はい、紙」とティッシュが渡される。体調を思いやっての優しさではなく、「ヤギだから紙喰え」ということだ。ティッシュをポッケに入れ、無表情を貫く。

まさか数十年後、「羊皮紙のヤギです」と山羊皮の名刺を配る大人になるとは、本人も予想だにもしていなかった。この頃のひそかなリベンジなのだろうか。

ミステリアスな
アラビア文字とヘブライ文字

アラビア文字を解読したい

今でこそ羊皮紙を専門にしているが、特に歴史好きだったわけではない。大学では言語学を専攻し、大学院まで進んだ。世界には無数の言語がある。それぞれが一種の暗号だ。わけのわからない記号の羅列。でも、その法則を学べば、濃い霧が徐々に晴れゆくように、意味を成すようになる。言語は新たな世界を開くカギ。文字も文化も日本と遠く離れているほうが、ミステリアスで強く惹かれる。

二〇〇六年のある日、書店で一冊の本を手に取った。『〈図説〉アラビア文字事典』（ガブリエル・マンデル・ハーン著、矢島文夫監修、創元社、二〇〇四年）。アラビア半島の古代文字から現代のアラビア文字までを、美しい図版で紹介している。自由自在に操れる絵画芸術のようなアラビア文字の魅力に瞬時に取りつかれた。と同時に、この暗号のような文字を解読したい欲がムクムクと湧き上がってくる。

早速、カルチャーセンターで開講していた「アラビア書道講座」に申し込んだ。課題は「バスマラ」と言われるコーランの「開扉《かいひ》の章」の文言だ。「ビスミッラーヒル ラフマーニル ラヒ～ム」（慈悲あまねく慈愛深きアッラーの御名において）を流れるような書体で書く。でも肝心のアラビア語自体がわからない。

ある日横浜の国際協力機構ＪＩＣＡ《ジャイカ》の図書館にフラッと妻と一緒に赴いた。別々に行動していると、妻が急いでやってきて、「シっ、シリアの方がいる」と言う。どうも英語で何か質問されたらしい。ちょうどアラビア語がマイブームだったのでその人のもとに駆け寄り、魔法の言葉「ビスミッラーヒル ラフマーニル ラヒ～ム」を言ってみた。彼にしてはあまりにも唐突だったと思うが、言葉もわからない日本でいきなり「慈悲あまねく慈愛深きアッラーの御名において」と言われてうれしかったのだろう。それから無料で毎週アラビア語を教えてくれることになった。そのシリア人の名はオマルさん。日本のＪＩＣＡに研修に来ていた生物学者だった。

ヤギと羊皮紙、運命の出会い

アラビア書道講座で作品展に出すこととなった。作品は、心の扉を開く鍵、コーランの「開扉の章」の文言だ。でも白い紙に書いては面白くない。というか、文字もそれほどうまくないので、他の特徴でごまかしたいという逃げもある。そういえば、『アラビア文字事典』で羊皮紙の作品があったなあ。羊皮紙って昔映画で見たことある気がするけど、ホントにあるんだー。昔のコーランのように羊皮紙を使ったら面白そうだ。

とはいえ、現代に羊皮紙なんてものは実際にあるんだろうか。あったとしてもどこで売っているんだろう。画材店には「羊皮紙」やら「パーチメント」（parchment、英語で羊皮紙の意味）やら銘打っているものが置いてあるが、どうも普通の紙っぽい。

調べてみると、動物の皮で作った本物の羊皮紙が、東京のお店にあるという。早速商店街に向かうと、なにやら素敵なアンティークショップ的なお店が。中にはシーリングスタンプやオシャレな便せんなど、魅力的な商品が所狭しと並んでいる。ハリー・ポッターに出てくる魔法用品店のような雰囲気だ。その一角にある木製の棚に、Ａ４サイズの羊皮紙が置いてあった。

初めて目にする「羊皮紙」。少しクリーム色がかって、白と透明部分が混じった不思議な紙。クリアファイルをサンドペーパーで少し荒らしたようなプラスチック感がある。もっと分厚くゴワゴワしているものかと勝手に想像していた。見た目はアンティークなのにプラスチックっぽい、なんとも不思議な紙だった。

映画などでなんとなく見てはいたものの、実物を見たのも触ったのも初めてだ。あの、宝の地図が描かれている謎の紙。そう思うとワクワクが止まらない。値段は強気の四〇〇〇円。Ａ４サイズの紙一枚が、だ。宝の地図というよりも、これ自体が宝ではないか。興奮状態にあったため、その強気の値段がまた気分を高揚させた。ヤギは羊皮紙を手に入れた。

さあ、早速アラビア書道作品を竹ペンで書いてみよう。表面はザラザラでもツルツルでもなく、普通のコピー用紙のようにサラサラで書きやすそう。が、しかし、自分の精神力がついていかない。書き始めた途端、やばい、緊張しだした。アラビア書道は、ペンを滑らせてスラーッと優雅な線を引くのだが、途中で震える。スラーッではなく、カクカクしてしまっている。よよよ、羊皮紙、よよよ、四〇〇〇円……。「慈悲あまねく慈愛深きアッラーの御名において」は、「慈悲あまねくくく　慈愛ぶぶかかかき～」となった。羊皮紙に書けば魔法のようにある程度はうまく見えるものと思っていたが、紙が何であっても下手なものはヘタなのだ。教室での作品評価に慈悲はなかった。

初めて羊皮紙に書いたアラビア書道作品

アラビア書道の本場シリアに旅立つ

初めて羊皮紙に書いた作品はさんざんなものだったが、羊皮紙＋アラビア文字への興味の高まりは抑えられず、二〇〇六年一〇月、九日間の日程で中東シリアに行くことにした。

なぜシリアなのか。それはＪＩＣＡで出会ったオマルさんの故郷だったから。アラビア語無料講座でシリアの良さをたっぷり聞かされていたのだ。また当時ハマっていた『千一夜物語』（通称アラビアンナイト）の舞台でもある。

首都ダマスカスは、継続して人が居住している世界最古の都市であるといわれている。ギリシア・ローマの影響が色濃く残るとともに、六六一～七五〇年のウマイヤ朝の首都として絶大な繁栄を誇った。その美しさは、『千一夜物語』で次のように表現されている。

ダマスは木々と流れる水とに満ちた感嘆すべき都であり、いかにも詩人によってかく歌われただけの都であると思いました。

ダマスにて、我はひと日とひと夜を過ごせり。ああ、ダマス！　そを創《つく》りし者は言挙《ことあげ》したり、彼とても絶えてまたかかる作をばなし得ざらんと！

（『完訳 千一夜物語（一）』「大臣ヌーレディンとその兄大臣シャムセディンとハサン・バドレディンの物語」、豊島与志雄他訳、岩波文庫、一九八八年）

まだ内戦前の比較的平和な時代だ。近代化が進むギンギラギンのドバイなどより、『千一夜物語』に近い素朴なアラブ世界が期待できる。しかも、「アラビア書道博物館」なるものがあるではないか。ウェブでの情報は皆無に近いが、どうも羊皮紙のコーランがあるらしい。実際この目で見てみたい。

二〇〇六年一〇月、憧れのダマスカスに降り立った。ああ、ダマス！　活気あふれるダマスカス旧市街のスーク（市場）。スパイスに香料、オリーブ石鹸に生活雑貨……。店ごとに異なる香りが漂う。

『千一夜物語』には、エジプトの大臣の息子がダマスカス旧市街に滞在し、そこで食べた絶品スイーツの話が載っている。

　僕らは市場《スーク》で（…）、お菓子屋と知りあって、ちょうどこれと同じお菓子を食べさせられたの。だけどそれがね……。その匂いを嗅《か》いだだけで、うれしくなって胸が透《す》くような気がするの！　その味といったら、消化不良にかかっている人間の心だって食欲を起こしちまうくらいおいしいですよ！
（前掲書）

中途半端にアラブ風の服を着たバリバリのアジア人に、好奇と猜疑心の混じった冷たいまなざしが向けられる。チラ見ではなくガン見である。

本格的なアラブ装束をまとった恰幅のよいおじさんが、すれ違いざまに振り返りつつ私に向かって「スィーニー」と言う。「チャイニーズ」のアラビア語だ。「ラー、ヤバーニー」（いや、日本人だ）と言い返す。オマルさんに教えてもらったアラビア語が片言ながらも実践で使える！　何を言われても憧れのダマスカスでシリア人と交流できるのがうれしかった。

ショボい羊皮紙

香りと彩りに溢れる旧市街の中に、「マトハフ・アル・ハッタルアラビー」、つまりアラビア書道ミュージアムがある。「ミュージアム」というくらいだから相当期待値を高めて赴いたのだが、オスマントルコ時代の銭湯（ハマム）を改造したこぢんまりとした空間で、作品点数も多いとは言えない。

とはいえ、岩に初期アラビア語が刻んであるものや、金彩や細密画が美しい紙のコーラン、昔の書道道具などはどれも貴重。まさに、『アラビア文字事典』で見たものが目の前にあるではないか。そして目当ての羊皮紙コーランが！

その時脳裏によぎった正直な印象は、「ショ、ショボい」。

思ったよりも小さなハガキ大の白い羊皮紙にコーランの一節が

アラビア書道ミュージアムの看板（傾いている）

書かれたものだ。以前買った雰囲気満点の羊皮紙ではなく、あたかも白いメモ用紙。しかも壁に直接画鋲で貼ってある……。まるで掲示板に貼ってある町内会のお知らせのよう。「こ、このためにわざわざシリアまで〜」と思ったものの、これが自分にとっては初となる本物の羊皮紙写本との出会いだった。まあまあ感銘は受けた（棒読み）。

モヤモヤ感を持ちながら、今度はスークの中のアンティークショップに立ち寄る。

数百年前マムルーク朝やサファヴィー朝で作られた紙のコーラン写本や、ラピスラズリなど貴重な顔料をふんだんに使った彩飾写本など目移りするもので溢れ、よだれが滴る。正直、先ほどの博物館よりも映える。自分が練習してきたアラビア文字の書体が網羅されている作品群に囲まれるのみならず、それらが手に入るかもしれない興奮に酔いしれた。

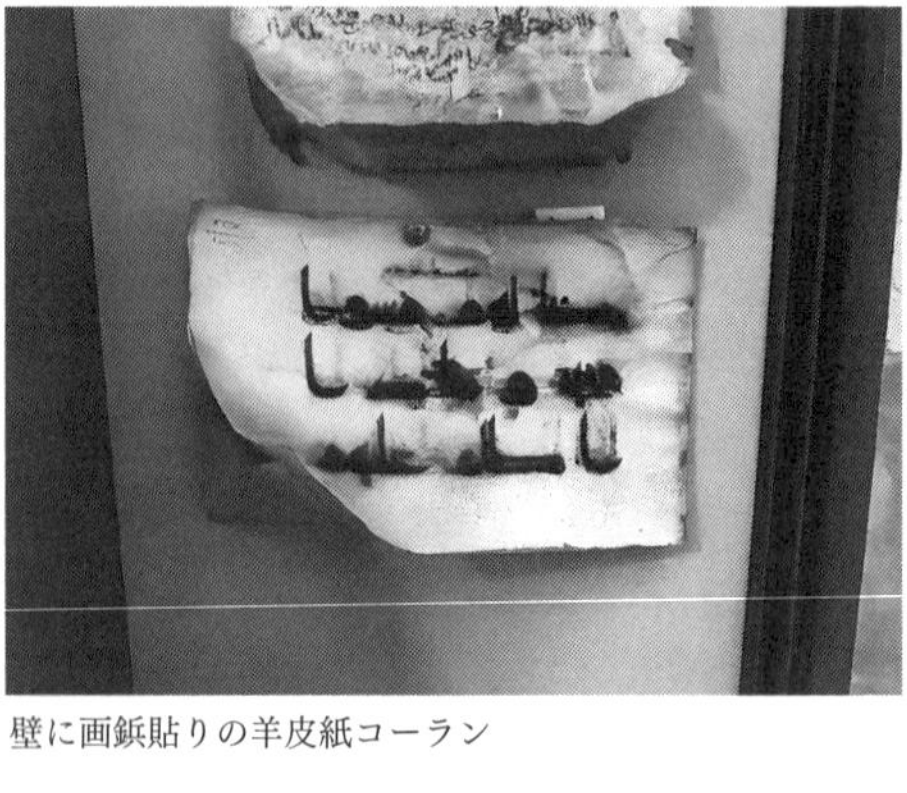
壁に画鋲貼りの羊皮紙コーラン

羊皮紙の品物を見たくて店の人に英語で「パーチメント」と言ってもなかなか通じない。コーランの一節にあった、羊皮紙を意味するアラビア語「ラック」という言葉を思い出して言ってみる。すると、ビザンツ帝国時代の末裔を思わせる金髪碧眼の店主が「とっておきのがありますよご主人」と言わんばかりのドヤ顔で、店の奥からよれよれの黒い表紙のクリアファイルを持ってきた。

そこから取り出したのは、明らかに現代の書道作品だが、確かに普通の紙とは違う。ただ、羊皮紙であったとしても羊皮「紙」というにはあまりにも分厚く、羊皮「ボード」と言ったほうがよい厚手のプラ板のようなものだ。半透明のクリーム色で、ただ生皮を乾燥させただけといったようなもの。しかも、日本人の素人が見ても字がヘタだ。この私からヘタだと言われるくらいだから相当なもの。

店主に「これ動物の皮の羊皮紙だよね?」と聞くと、「もちろんでございますご主人」と言わんばかりのドヤ顔。羊皮紙であったとしてもさすがにこれは買う気にならず、丁重にお断りした(が、今思えば資料として買っておけばよかった)。

この頃はまだ羊皮紙に対してファンタジーな印象を持っており、自分の印象と違うものに対して落胆してしまう悪い習性があったようだ。「羊皮紙」というものは、実に様々なものがあるということをこの後の探究で知ることとなる。

ヨルダンで垣間見たひつじ文化

シリアに行ったついでといっては何だが、隣国のヨルダンにも訪れた。ホテルで車を手配し

ヨルダンの荒野で出会ったひつじの群れ

てもらい、死海沿岸を北上。ヨルダン川に向かった。イエス・キリストが洗礼を受けた場所とのことで、観光客でにぎわっている。川幅は五メートルほどで、対岸には物々しいフェンスが張り巡らされている。向こう側に覗くのはイスラエル国旗。救いの象徴である場所にしては物騒な雰囲気だ。

帰り道に車で荒野を通過していると、なにやらクリーミーな雲のようなものがうごめいている。ひつじの群れだ。おー、ひつじだ！　しかも羊飼いもいる。ワイルドだ！　まさにドキュメンタリー番組なんかで見るようなワンシーン。絵になるわ〜。羊皮紙に興味を持って以来、初めて見る生ひつじ。気が付くと、動物を見る自分の目が変わっていた。

「羊皮紙って、これからできてるんだ〜。でも、どう考えたらこれに字を書いてみようという発想になるんだろうか」

ヨルダンを縦断してみるともちろん緑豊かなところも多いが、かなりの面積を岩山や荒野が占めており、ひつじや山羊の放牧があちこちで見られた。

ある民家の軒先には、羊毛がついたままのひつじ皮が吊り下げられている。実用品なのか、何かのお守りなのかはわからない。そのような光景を見ると、昔は文字を書くとしたら紙の材料となる植物よりも、肉を食べた後の副産物である山羊やひつじの皮のほうが手軽だったんだろうなということが実感できる。

ペトラ遺跡で日陰に涼む山羊とひつじ

ヨルダンのラム肉リブステーキ　超絶柔らかい

そのような環境にあり、ヨルダンは羊肉料理も豊富だ。さすが素材が新鮮。ラム肉のリブステーキは臭みもなくとっても柔らかい。ちなみに、ワインもおいしい。というか、シリアで飲んだワインがビミョ～なエグみ深い味わいだったので、なおさらそう感じたのかもしれない。イスラム圏では基本的にお酒が飲まれないため、競争の原理が働かないのだろうか。とはいえ、同じイスラム圏でもヨルダンのワインは格別。なんと二〇〇〇年以上前からワインづくりの歴史があるそうな。ただ現在ではワイン醸造をしているのはたったの二軒のみらしい。

日本とはまるっきり異なる自然と文化に触れ、なぜ初期のアラビア文字が羊皮紙に書かれていたのかが納得できた気がする。

ヘブライ書道の赤ペン先生

アラビア書道を習っていた時期に、ヘブライ語にも「書道」があることを知った。アラビア書道がイスラム教のコーランを記すためのものなら、ヘブライ書道はユダヤ教の聖典、旧約聖書を書くためのもの。ただ、「旧約聖書」というのはあくまでも「新約聖書」と「旧約聖書」を聖典とするキリスト教における呼称。ユダヤ教の立場からすると、旧約聖書のみが聖典なのだ。そしてそれは、伝統的に羊皮紙の巻物に記されてきた。

ヘブライ文字をご覧になったことがあるだろうか。まるで爪楊枝を組み合わせて作る文字やドット絵のように、カクカクした印象だ。ブロックゲームができそうな感じである。流れるようなアラビア文字とはまるで違うが、同様にミステリ

יאגי אוהב קלף

ヘブライ文字（「ヤギは羊皮紙が好き」の意）

アスな雰囲気がたまらない。

そんな不思議な文字に魅かれ、是非ともヘブライ文字を書いてみたいという衝動に駆られた。流れるようなアラビア文字はどうもカクカクしてしまってうまく書けないが、元々カクカクしているヘブライ文字ならいけるんじゃ？という浅はかな考えもあった。

調べてみると、エルサレム在住のカリグラファーが、ヘブライ書道の通信教育をしていることを発見。先生はイジー・プラドウィンスキーさん。現代において羊皮紙の手書き聖書を作ろうという国際プロジェクト「セント・ジョンズ・バイブル」でヘブライ文字を担当された、世界有数のヘブライ語カリグラファーである。一一〇〇ページにもわたるセント・ジョンズ・バイブルは、一九九八年に着手されて二〇一一年に完成。ヴァチカンでローマ法王にも披露された。

通信教育といっても、メールなどではない。昔ながらの郵送だ。エルサレムから課題の紙が国際郵便で送られてきて、それにヘブライ文字の練習を書き込み、完成した課題をエルサレムに郵送する。イジー先生が赤字訂正を入れた前回分の紙とともに、次の課題が送られてくるという仕組みだ。いわゆる「赤ペン先生」である。

地理的に離れていてもプロのカリグラファーからリアルな添削をいただけるメリットの反面、次の課題が届くまで郵送の往復でまるまる二か月かかるのだ。エルサレムの悠久の歴史を彷彿とさせる待ち時間である。一向に届かず郵便局に問い合わせたところ、どこかで郵便物が紛失となり、課題を送り直してもらったこともある。

垂直、水平、四五度、六〇度……。正確に安定した直線を引けるように地道な練習を重ねる。待ち時間が長い分、じっくりと取り組める。最終的に、なんとかヘブライ文字の作品が作れるようになった。

郵送は正直言ってもどかしいが、反面、待っている間もメールでやり取りはできるので、先生との付き合いは長く濃密になる。ニューヨーク生まれのユダヤ人であるイジー先生は、若い頃「禅」の精神に憧れ、「動く禅」ともいわれる合気道を習い、一時期修行のため日本に住んでいたという。イジー先生自身のヘブライ語カリグラフィー作品は、日本の書道文化に影響を受けており、毛筆を使った流れるような作風となっている。面白い方と出会ったものだ。

ヘブライ書道の課題　右から左に書くので慣れない

アラビア語とヘブライ語の文字芸術の魅力にハマるにつれ、その共通の土台となる謎めいた「紙」、羊皮紙への興味も深まるばかりであった。これらの経験は、これから続く長い探究のプレリュードだ。

もう一度羊皮紙作品を作りたい！

ミステリアスな文字に魅せられて文字芸術を習ってきたが、もともとは絵を描くことが好きだった。何を隠そう、高校時代は美術部で油絵を描いていたのだ。美術の道に進みたかったが、美術部の先生に相談すると「美大は何年か浪人するよ」と言われて即あきらめた。美術の道を断念させる美術部顧問も珍しい。でもその覚悟をしてでも進みたいか、本気度を試したのかもしれない。結局それ以来、絵を描くことから遠ざかっていた。大学・大学院で言語学を専攻していた流れで、ある企業で翻訳の仕事に就いた。

仕事を始めて数年経ったある日、郵便受けに入っていた地域の広報誌を見ると、「区美術展開催。一般参加者募集」とある。元美術部の血が騒ぐ！

「そういえば全然絵を描いてないなー。ちょっと何か描いて応募してみよっかな」

どのような絵にしようか構想を練る。

「普通の油絵とかじゃつまらないから、やっぱりまたあのアラビア書道で使った羊皮紙を使ってみたいな。羊皮紙を使った作品なんて珍しいから注目されるでしょ」（と、ここでまたアラビア書道のときと同様、特別な下地を使うという逃げに走る。）

アイデア探しのため羊皮紙の作品をネットで検索してみると、中世ヨーロッパで作られた極彩色のきらびやかな写本の画像がたくさんヒットした。

その多くは「時祷書《じとうしょ》」と呼ばれるお祈りの本。カクカクとしたゴシック体のラテン語で聖書の一節や祈りの言葉が書かれ、その周りを鮮やかな植物文様が囲っている。聖母マリアなどの人物が描かれたものや、本物の金を貼ったイニシャル文字が眩い輝きを放つ豪華本もある。アラビア書道やヘブライ書道の世界とはまた違う華やかさに暫し見惚れる。

いいねいいね、きらびやかな世界。しかも「絵画＋羊皮紙＋外国語」なんて、まさに自分にぴったりだ！　よし、中世ヨーロッパの写本を作ってみよう。ウォー、やる気出てきた！

そうと決めたら、まずは羊皮紙調達だ！

中世の羊皮紙の作り方を発見！

またお店で羊皮紙を買うこともできたが、羊皮紙についてもっと調べたいと思いネット検索をしてみた。日本語で詳しいサイトはヒットしない。かろうじてウィキペディアに概要が載っている程度だ。英語の「Parchment」で調べると、あるウェブサイトが目に留まった。

「Inden Witten Hasewint」（インデン・ヴィッテン・ハーゼヴィント）

何語だろう。どうもオランダのサイトらしい。それにしてもこれは人名なのか何なのかさっぱり見当が付かない。本文には英語でこのように書かれていた。

「The making of parchment」（羊皮紙の作り方）

ということは、これに従えば、羊皮紙が自分で作れちゃうってこと？衝撃だった。これは単にショップで完成品を買うより面白い。

そこで紹介されているのは、一二世紀の中世写本に書き記されているという羊皮紙の作り方だ。

山羊の原皮を水に一昼夜浸しておく。水から引き上げ、流水で洗う。水が透明になり汚れが出なくなるまで続ける。水槽に水と消石灰を入れ、よくかき混ぜて白濁液を作る。毛がついたほうを外側にして原皮を半分にたたんでこの溶液に浸す。一日二〜三回棒で皮を動かしかき混ぜる。八日間浸したままにしておく（冬は二倍の長さ）。次に、皮を取り出して毛を取り除く。水槽の溶液を捨て、先と同様のプロセスを同量の新しい消石灰溶液で繰り返す。皮は一日一回棒で動かし、先と同じく八日間浸しておく。皮を取り出し、水が透明になるまで皮をよく洗う。きれいな水のみが入った水槽に皮を浸し、二日間置く。

皮を取り出し、紐をつけて円形枠に縛り付ける。乾かす。そして鋭利なナイフで表面を削る。その後さらに二日間日陰で乾かす。水で湿らせ、肉側を軽石の粉で磨く。二日後、少量の水を肉側に振り掛けて再び湿らせて軽石の粉で磨き、さらに水で濡らす。紐をきつく締めて張力が均等にかかるよう調整し、シート状に固定する。乾いたら完成である。

（一二世紀ボローニャの羊皮紙製法 A recipe for making parchment. British Library, Harley MS 3915, fol. 148r. 著者訳）

まるでクックパッドのレシピのよう。この手順に従えば、羊皮紙を自分で作れるのだ！チャレンジ精神が湧き上がり、さっそく戦闘モードに入る。

もうこの時点で、区の美術展への出品は完全に頭から消滅し、新たに発見した世界「羊皮紙づくり」一筋となった。

第二章

自宅の風呂場が工房に！
試行錯誤の羊皮紙づくり

制作工程をイメージ

オランダのウェブサイトで見つけた「中世ヨーロッパの羊皮紙づくり」。制作工程を整理して簡単にまとめると、この後の見開きページにあるイラストのような感じになるだろう。

各手順を見ていくと、それほど難しいものではなさそうだ。

ただ、いくら衝動に駆られたからといって、すぐに始められるものではない。いきなりステップ①でつまずいた。

①山羊の原皮を水に一昼夜浸しておく。

簡単に言うけれど、「山羊の原皮」ってどうすれば？　原皮って生皮のこと？

ヤギは悩んだ。

皮を調達しないとどうしようもない。ひとまず東急ハンズで白いレザーを買ってきた。サイフなどを自作する人のためのものだろう。さあ、これは羊皮紙になるのだろうか。水に浸して、簡単な木枠で伸ばして乾かしてみた。

何も変わらない……。

レザーは濡らして伸ばして乾かしても、レザーのままだった。

それもそのはず。レザーは生の皮を薬品で化学的に「なめし」処理をして、すでに羊皮紙とは別物になっている。羊皮紙は生の皮からでないとできないのだ。

生の皮……。身近にありそうでない代物だ。すると、とあるウェブサイトで犬ガムで作った太鼓が紹介されていた。犬ガムというのは、ペットショップで売っている骨の形をした犬のおもちゃだ。犬がしゃぶれるように、牛の皮でできているらしい。

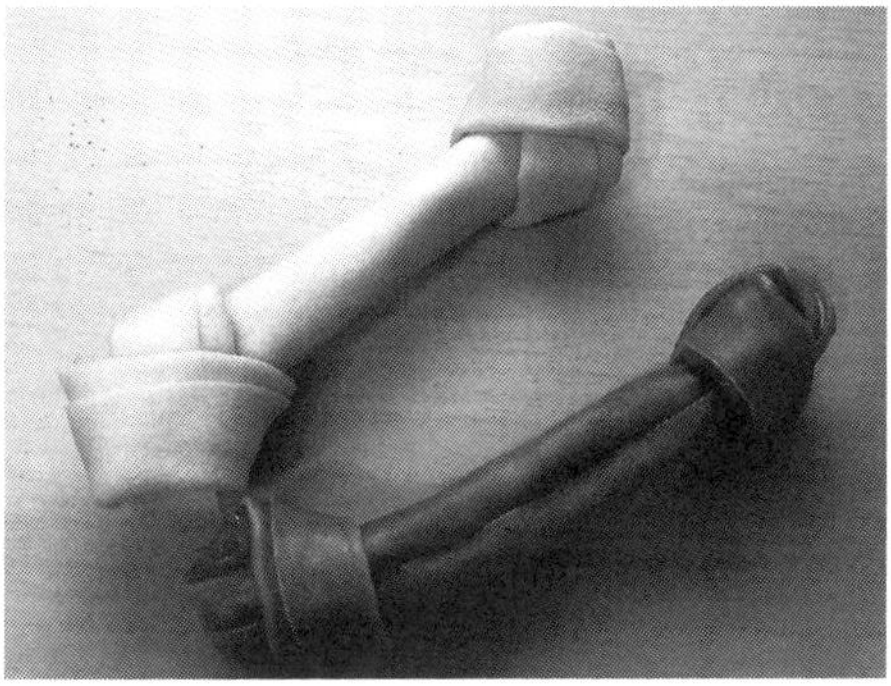
犬ガム　実は牛の皮でできている

　そうなんだー、あれ牛の皮なんだ～。そんな身近で生皮が手に入るとは目から鱗だった。「ペットショップで生皮が手に入る」と書くとなんだかおどろおどろしい。あらぬ思いでペットたちを見ることがないように、犬ガムは近所のドラッグストアにあるペットフードコーナーで買うことにした。

　犬を飼ったことがないため、犬ガム自体初めて触る。結構硬く、透明感のある茶色いプラスチックのようだ。これがホントに皮なんだろうか。風呂場で洗面器に水を張り、犬ガムを浸けておく。

中世ヨーロッパの羊皮紙づくり

1

山羊の原皮を水に一昼夜浸しておく。

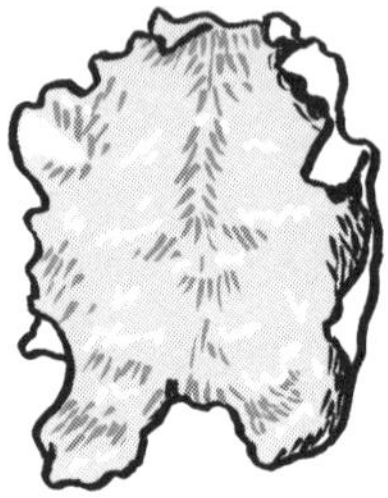

2

流水で洗う。水が透明になり汚れが出なくなるまで。

3

水槽に水と消石灰を入れて石灰液を作る。原皮を半分にたたんで浸し、1日2～3回棒でかき混ぜる。8日間浸したままにしておく。

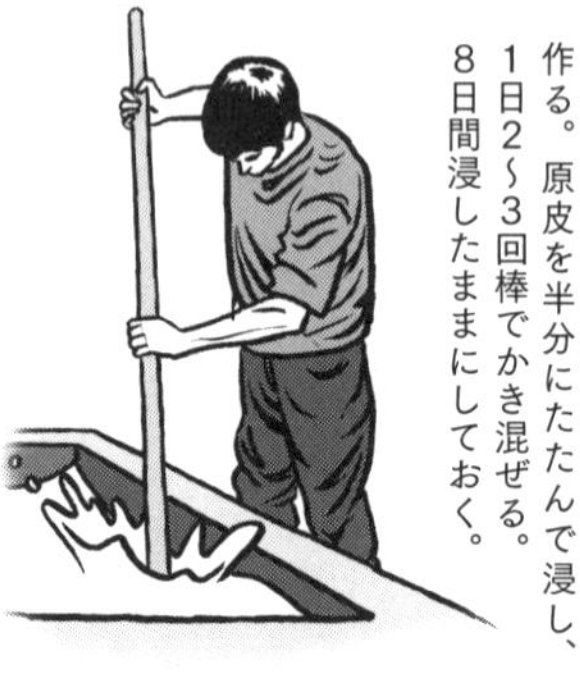

4

皮を取り出して毛を取り除く。

5

皮を再度石灰液に8日間浸しておく。その後皮を水に2日間浸しておく。

6

皮に紐をつけて円形枠に縛り付け、乾かす。

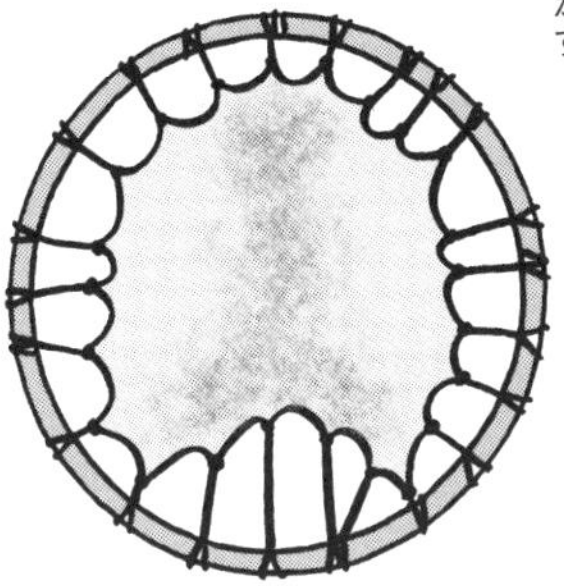

7

鋭利なナイフで表面を削る。

8

2日間日陰で乾かす。水で湿らせ、肉側を軽石の粉で磨く。さらに水で濡らして紐をきつく締めシート状に固定する。

9

乾いたら完成である。

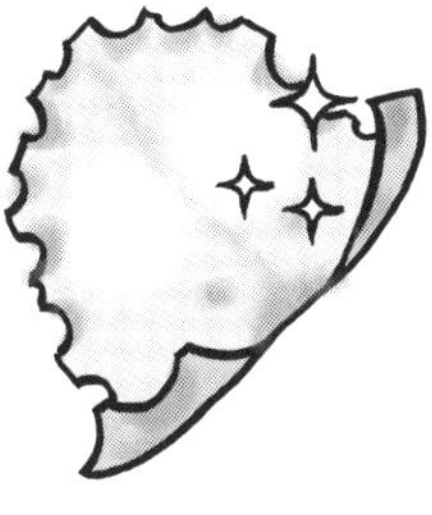

一晩おくと、とっても不思議、プンニョプニョにふやけている。ほどいていくと、長ーいリボン状になった。「これが生皮か〜。たしかにレザーと全然違うわ」

このサイズなら皮を張るための木枠は簡単。百円ショップの写真フレームでもできそうだ。ちょうど家に油絵用のキャンバスがあったので、麻布部分を取り払って木枠だけにした。引っ張る紐はとりあえず針金でよいだろう。

プニョプニョの生牛皮を木枠に合うサイズにカットして、周囲にキリで穴を開けて針金を通す。その針金を木枠に巻き付ける。ミニバージョンの羊皮紙づくりだ！　さてさて、乾くとどんな感じになるのかな？

乾いた……。ナニコレ？　透明プラ板？

透明になっていた。濡れているときは白かったのだが、おかしいな。もとの犬ガムもちょっと透明感があったので、乾燥してその状態に戻ったのだろう。しかも分厚く、カチカチのプラ板のようだ。さすがにこれは「羊皮紙」とは言えないな。強いて言うなら「透明牛皮板」か。

とはいえ、生皮を木枠に張ってシート状にする体験はできた。サンドペーパーで表面を荒らしてみると、それなりに白くなって文字や絵が描けるようになったので、シミュレーションとしてはまあまあかな？

（後日、白いタイプの犬ガムなら透明にならないことを発見。巻末付録の「犬ガムで羊皮紙づくりプチ体験」を参照して、ぜひご自身でもチャレンジを！）

生皮を求めて

でも、やっぱりちゃんとしたのが作りたい。

生の皮は売ってないものだろうか。頭はそれで一杯だ。生皮〜、おーい、なまがわ〜！　ひつじや山羊じゃなくても、哺乳類なら何でもいい。生皮を求め、ゾンビのように街をさまよう。あらぬ行為に手を染めぬよう、自制心を働かせながら――。

ふと入った手芸屋さんにレザーコーナーがあり、なかば諦めながらもウロウロする。すると、なんと「豚の生皮」という商品があるではないか！　にしても、なぜ手芸屋さんに豚の生皮？　用途はまったくわからないが、何はともあれひと安心。これで危険思想から解放される！

これもパリパリに乾燥した透明プラ板のような質感だが、明らかに犬ガムよりは大きくて薄い。「これでいけるか」と思い、若干大き目の木枠を作って張ってみた。が、やはりこれも乾いた後は透明化。サンドペーパーで表面を荒らすと若干曇って白くはなるが、これでは羊皮紙を自分で作っていることにならない。単に濡らして乾かして元に戻しているだけじゃないか。

最初のステップでつまずいたまま動けない。レシピはあるが食材がないのと同じだ。

身近で生皮を探そうとしているからダメなんだろう。ネットで探せば売っているかも。

二〇二四年の今だったら、真っ先にネットで探すのだが、まだ二〇〇六年当時はネットショッピングは自分にとってハードルが高かった。

グーグルで、「raw sheepskin sale」（生　ひつじ皮　販売）と検索する。案外ヒットするものだ。塩漬けにしてある皮や、なにやら水色になっている皮もある。すべて腐りやすい皮を保存するための処理だ。ようやくリアルな皮を入手できそうだぞ、と興奮してくる。

おお、タイにもあるしウルグアイやキプロス島からも送ってもらえそうだ。値段も安い。一頭分の皮が一〇ドルか。この前買ったA４サイズの羊皮紙が四〇〇〇円。自分で作れば安くすむ。ヨッシャー！と思ったのも束の間。目に入ったのは、

「最低ロット　コンテナ単位」


つまり、注文は船に積むコンテナ一基分の量からしか受け付けませんよとのことだ。コンテナは一番小さいサイズのものでも二・四×二・六×六メートルもあるらしい。ざっくり計算すると、一回の注文で約一八〇〇頭分の皮が届くことになる。アパートの一室で生皮に埋もれる自分の姿が目に浮かぶ。

念のため、日本語で「羊　生皮　販売」と検索すると、なんと北海道のひつじ牧場が一枚単位で販売しているではないか。即座にメールで注文する。この数か月の悩みが一瞬で解決した。最初に調べておけばよかったと激しく後悔するも、ようやく生の皮が入手できる喜びがこみ上

げた。そういえば、オランダのサイトのレシピでは「山羊皮」だったが、漢字の「羊皮紙」に引っ張られて、「ひつじ」で探していたことに今さらながら気が付いた。山羊ではないが、それでもよい。いや、むしろひつじの皮がよい。だって「羊」皮紙なんだから。

さあ、待ちに待った生皮の到着だ。北海道の牧場から荷物が届く。ヤマト運輸さんのクール便で、食品扱いだ。ダンボールでくるまれており、案外大きい。これだよこれ、このサイズ感。犬ガムではない本物の生皮に胸が高鳴る。同時に、これがコンテナ一杯一八〇〇頭分来たらと思うと怖ろしい。

梱包を慎重に開けてみる。するとポワ〜ッと部屋に広がる牧場の香り。牧草や糞などさまざまなものが混じった天然の芳香だ。うう〜ん、本・格・的！

おお、すごく丁寧にたたんできてくださっている。これだけ見ると、布団圧縮袋に入れて久々に押し入れから出した毛布のようだ。さあ広げて全体像を拝むとしよう。

２ＤＫの狭いアパートで最も広い空間が確保されている台所で皮を広げる。

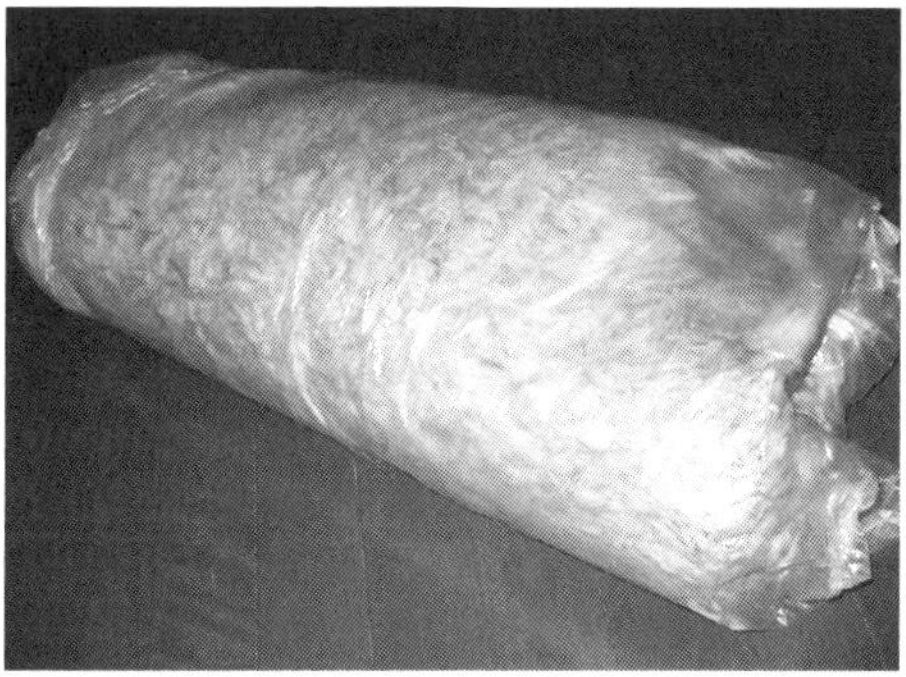
ついに届いたひつじの生皮

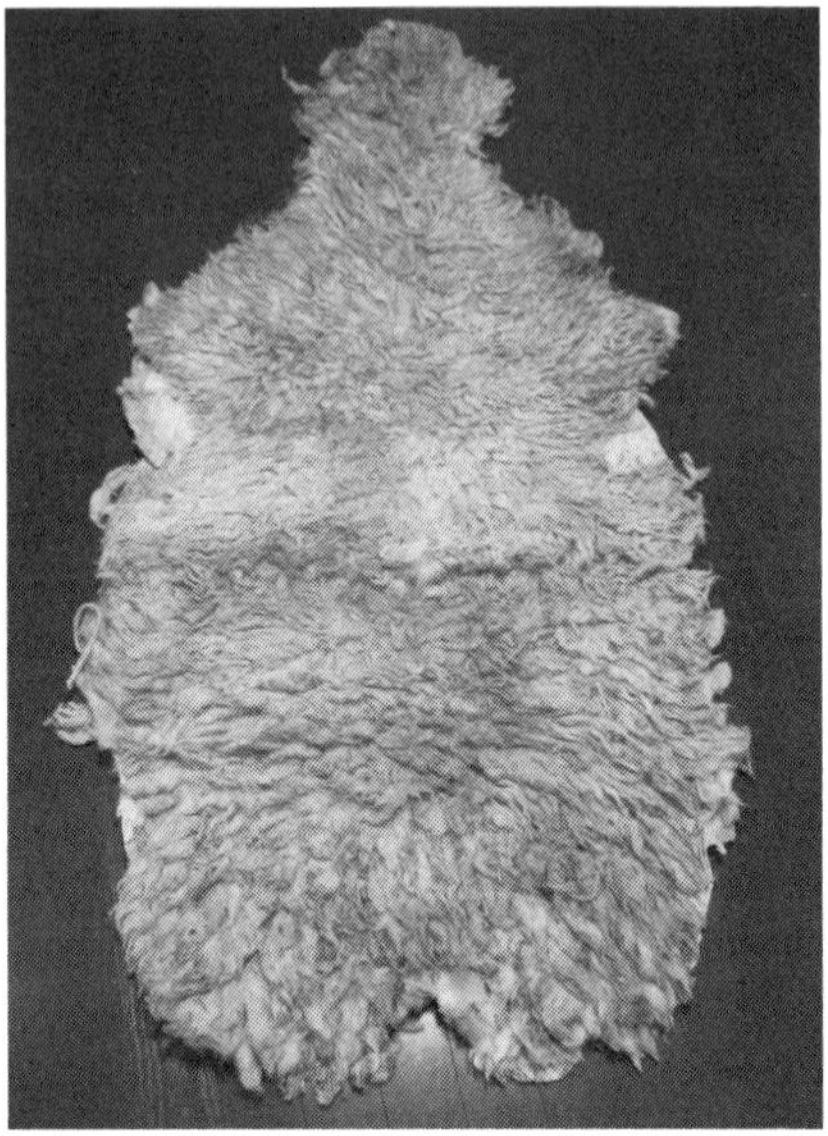

貫禄満点！　一頭分のひつじ皮

ズザザザー！

け、結構な量の粗塩がまぶしてある……。塩は天然の防腐剤だ。台所の床に塩が散らばる。が、後で掃除すればよい。

一頭分のひつじの皮は圧巻だ。ここ数か月間求めてきたモノが目の前に。ひつじのお腹の部分からカットされて背中を中心に開いた形。「ひつじの開き」とでも言おうか。全身にモッサモサな毛が生えており、裏側には肉と脂肪がところどころに附着している。

冒頭に紹介したローマの学者プリニウスによると、古代ペルガモンの人が「動物の皮を紙にしよう」と思い立ったという。この皮を見ながら、どこをどうしたら紙にしようという発想が生まれるのか不思議でしょうがない。でもそれは、一連のプロセスの中での気づきだったのだろう。それをこれから自分の手で発見できると思うと、胸の高鳴りが抑えられない。

これでようやくオランダのウェブサイトにある羊皮紙づくりを実行に移せるぞ。

風呂場が「羊皮紙工房」となる

①山羊の原皮を水に一昼夜浸しておく。
②流水で洗う。水が透明になり汚れが出なくなるまで。

届いた直後の皮は、防腐のため乾燥させてある。作業のためにはまずこれを柔らかくしないといけない。ゴワゴワの原皮を、ホームセンターで買ってきた押し入れ用のプラスチック製衣装ケースに入れて、シャワーで水を張った。皮が水を吸って次第に柔らかくなる。フタをして、一晩おいておこう。

次に「流水で洗う」とある。皮をきれいに洗わないといけない。原皮には粗塩の他に、牧草や敷き草、土に脂、糞に血液などありとあらゆる汚れがこびりついて固まっている。昔は原皮を自然の川の流れにさらしていたそうだ。中世の羊皮紙工房は、川のそばに建てられていたという。

自宅の近くには川が流れている。そこに行って皮を浸すこともできなくもないが、やはり人目が気になる。河原には常に誰かがいるのだ。釣りを楽しむ年配の方々、ボール遊びをする家族、仲良くお弁当を食べるカップル、少年野球チーム、クリケットを楽しむインド人、上半身裸で日焼けをする若者。皆思い思いの活動をしていて誰も他人のことを気にも留めないのだが、さすがにひつじの皮を川で洗うのは気が引ける。

となると、家で唯一水を使えるところ——と言えば、風呂場しかない。こうして、自宅の風呂場が「羊皮紙工房」となった。

ただやはりそこは生活空間。自分だけでなく妻もいる。事前にきちんと話し、了承をもらっての作業となった。作業前にはしっかりと床にビニールを敷き詰め、排水口には台所用のキッチンネットを二重にして被せる。作業に使うのは洗い場だけだ。浴槽に皮を浸けてしまうと、さすがに心象がよくない。ひつじの皮を浸けた浴槽では疲れは癒えないだろう。お風呂から出たら体が糞にまみれていた、ともなったら風呂に入る意味がない。

風呂場は使えど、浴槽は聖域とした。

中世では川で皮を洗ったが、現代日本の「羊皮紙工房」には片手で持てる「川」がある。シャワーだ。風呂場はまさに羊皮紙づくりのためにあるのでは？と錯覚するほど設備がそろっている。

ひつじの生皮は私にとって異次元の物体。これからの作業で何が起こるかわからない。毒物処理班のように完全防備で作業に臨む。

早速塩と汚れにまみれた皮を洗う。シャワーをかけ続けると、次第にエサ、土、糞、血液などの汚れが溶け出し、茶色い水が風呂場を染める。風呂の排水口に設置してあるキッチンネットは、すぐにクズでいっぱいになり水が流れなくなる。こまめにゴミ袋に移して洗浄を続ける。固まっていた血液も溶け出し次第にシャワーの水が鮮血の色になって風呂場が血に染まり、

「キャー！」

――というホラーな展開にはならない。血液はすでに酸化しており、土と同じ茶色なので特に目立つものではない。

それにしても洗っても洗っても汚れやゴミが絶え間なく流れ出て終わりが見えない。「水が透明になり汚れが出なくなるまで」というが、いい加減疲れてきた。腰痛持ちなのに中腰での

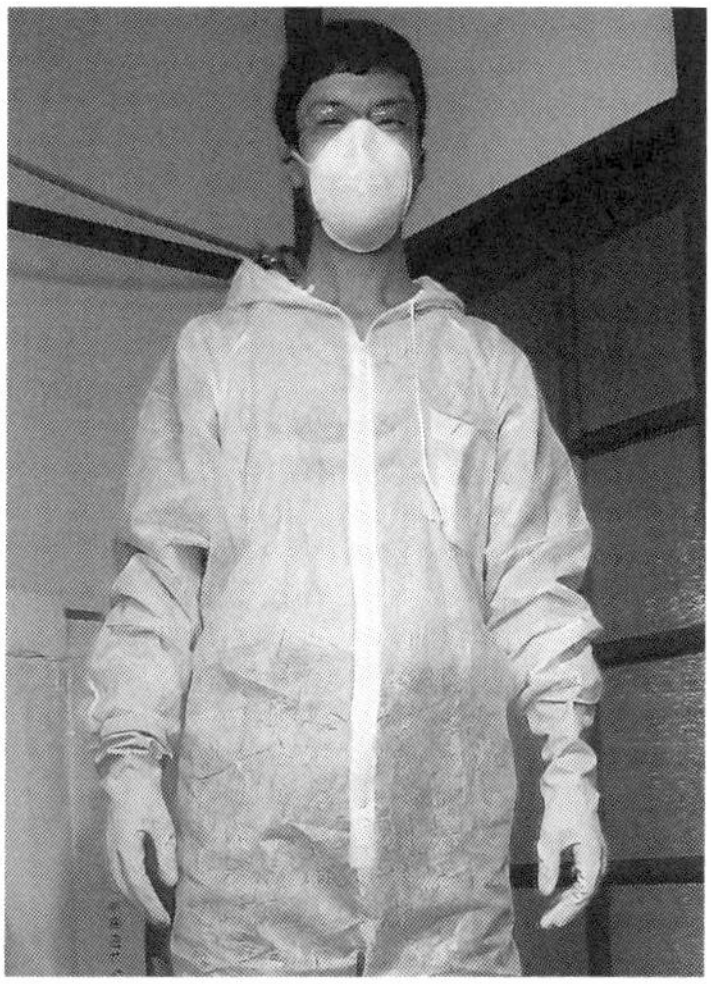

完全防備で羊皮紙づくりに臨む

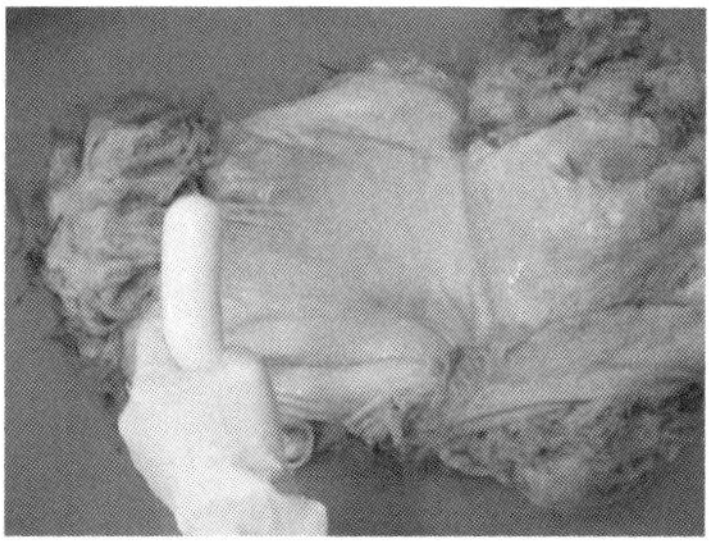

シャワーで原皮を洗浄する

作業はつらい。

シャワーはとっても便利なツールだが、ずっと手で持って作業しなければならない。その点、川に浸けておけば自然にキレイになる中世の方法のほうが「フルオート」ではるかに便利な洗浄システムなんだということを悟った。

三〇分ほどして水がある程度透明になってきたかな?というところで洗浄を切り上げる。暗い灰色だった羊毛は、洗いたてのフリースのようにサッパリした。ひつじって普段こんなに汚れをまとっているんだーとちょっと同情。

脱毛と道具の準備

③水槽に水と消石灰を入れて石灰液を作る。原皮を半分にたたんで浸し、1日2～3回棒でかき混ぜる。8日間浸したままにしておく。

その後、衣装ケースの水を入れ替え皮を戻す。レシピにある通り、毛が付いたほうを外側にして半分にたたんだ。そしてホームセンターの園芸コーナーで手に入れた消石灰をバサバサッと投入して石灰液を作る。これで八日経つと、石灰のアルカリ成分で毛が抜けるのだそうだ。かき混ぜると、まるで牛乳のように白濁する。

日中会社勤めだと、一日二〜三回棒で皮を動かしかき混ぜるのが案外地味にめんどくさい。理想は朝昼晩なのだろうが、昼はいない。出勤前にかき混ぜ、帰宅したらかき混ぜ、寝る前にまたかき混ぜるというのが新たな日課となった。出勤前にスーツ姿でかき混ぜると、石灰の白いしぶきがズボンに跳ねる。気付かずに白いプツプツを付けたままのダークスーツで電車に乗ったことも数知れない。「スーツで羊皮紙を作るなら、元からドット柄のものを選ぶと目立たない」――実践から学んだ、マイナーすぎる生活の知恵である。

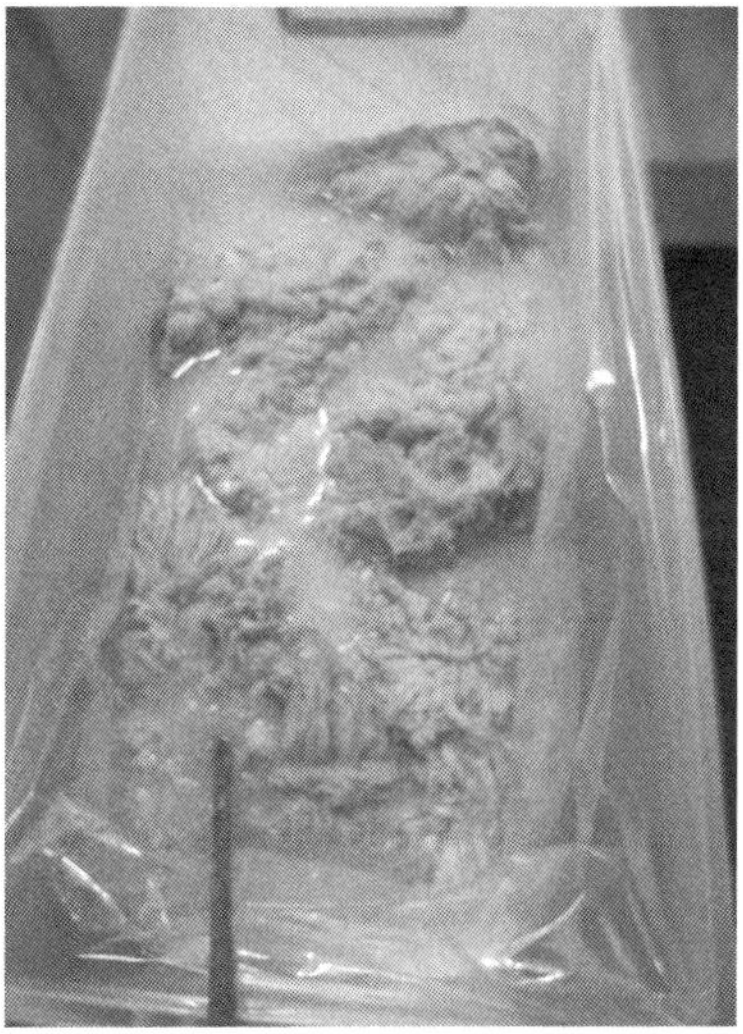

石灰液に浸けて棒でかき混ぜる

と、まあここまでは順調だが、この後の工程で使う道具がまだ何もない。失敗してもダメージが浅くてすむように様子見だったのだ。このままいけそうだったので、後工程の準備に取り掛かる。脱毛を待っている間に道具の調達だ。調達といっても「羊皮紙制作道具」など売っているはずがない。となると自作するしかないだろう。というか、むしろ自作したい。自分で一から作るほうが何倍も楽しいではないか。

まずは皮を張るための木枠づくりだ。手

順⑥には、「円形枠に縛り付ける」とあるが、「円形枠」ってどうすればよいのだろう。身近にある円形の枠といったら、フラフープや刺繍枠くらいだ。でも皮を張れるだけのものだと直径一・五メートルは必要となる。とするとトランポリンか。確かに皮を張るのにはよさそうだ。ただ、オランダのウェブサイトの補足説明では、「一般的には長方形の枠を使う」とあるぞ。たしかに、ネットで「Parchment Making」（羊皮紙づくり）と検索すると、中世写本の挿絵などでも長方形の木枠を使っている。犬ガムや豚皮での実験でも、長方形でまったく問題なかった。「円形枠」というのは一部の時代や地域で使われていたものなんだろうか。長方形の木枠だったら参考になる画像も出ているし、角材を組み合わせればよいので簡単に作れる。

自転車を走らせ、ホームセンターに直行する。ホームセンターは幼少のときから大好きだった。友だちと遊ぶよりも、親に車でホームセンターに連れて行ってもらったほうが何倍も幸せだった。木材の香りを吸い込みながら、スポンジや発泡スチロールなど素材を見ているだけで、これからどういうものが作れるかと想像の世界が膨らむ。ホームセンターは自分にとってのワンダーランドだったし、大人になった今でもそうだ。

建材コーナーを物色したところ、杉の角材がちょうどよさそうだった。木枠の縦用に長さ一八〇センチのものを二本、上下用に長さ九〇センチのものを二本購入。

自転車で来たのは失敗だった。木の持ち帰りが大変すぎる。車の免許は二〇歳のときに取得したが、怖くて運転できない。一瞬の油断で人生が変わってしまう、あるいは人の人生を変え

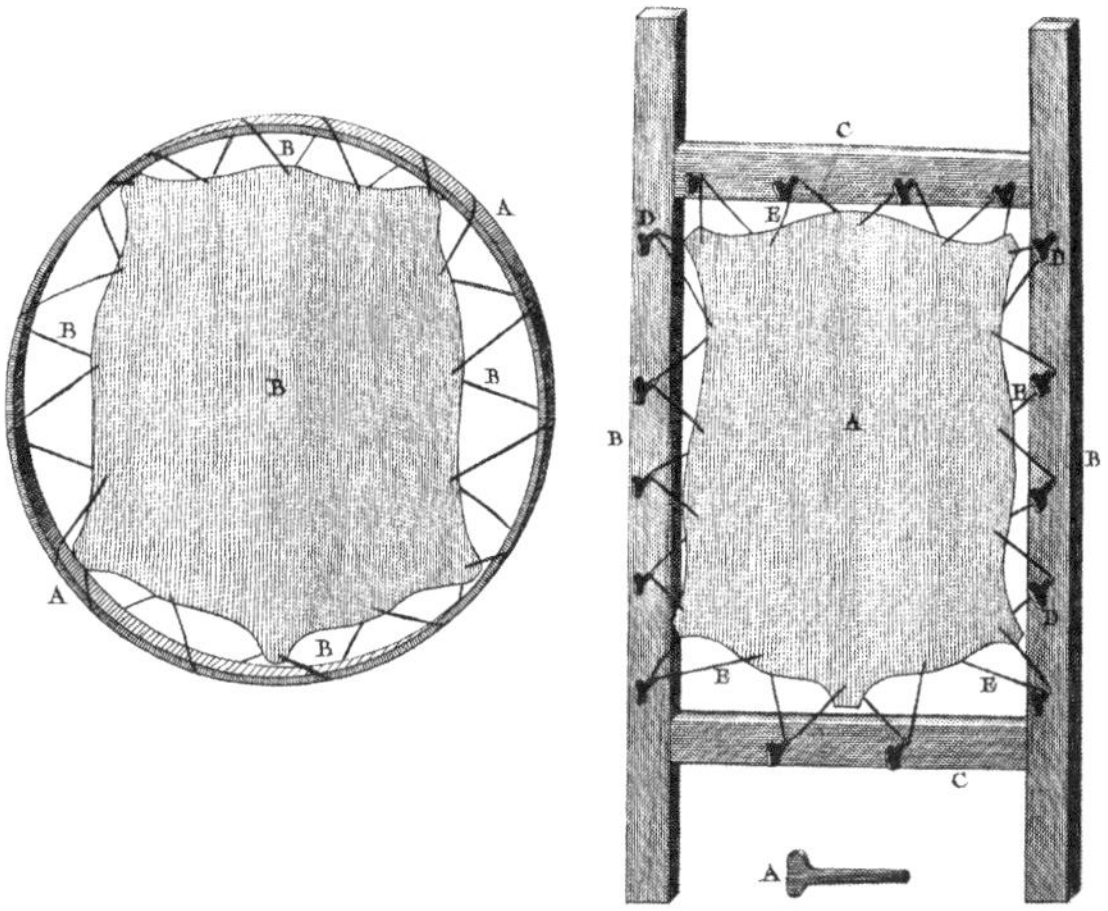

円形木枠と長方形木枠の図（『百科全書』1751年、著者蔵）

てしまうリスクを考えるとムリだ。羊皮紙づくりで頭がいっぱいになっている今は特にやめておいたほうがよいだろう（そもそも車を持っていない）。

行きは軽快に走ってきた道を、長くて重い角材を載せた自転車をノソノソと押して帰る。体は疲れるが、「この大変さもいい思い出になるくらい、すごいものができるぞ」となんの根拠もない楽しみがこみ上げてきた。

早速角材を組み合わせて枠を作った。中世の羊皮紙づくりでは、木枠に穴を開けて取っ手を付け、それで紐を巻き取ることで、皮のテンションを調整したそうな。幸い取っ手の画像もオランダのウェブサイトに載っていたので、それを基に工作した。これで木枠は万全だろう。

木枠の取っ手（横から見た図）
回すと紐が巻き取られて皮が伸びる

皮削り用の半月刀

次に必要な道具は、手順⑦にある「鋭利なナイフ」。

う〜ん、かなりアバウトな表現だ。鋭利なナイフってどんなナイフ？　鋭ければサバイバルナイフとか包丁とか、なんならカッターでもよいのだろうか……。

調べると、羊皮紙づくり専用の「半月刀」というナイフがあるらしい。刃の部分が半円形をしているナイフだ。さすがにナイフは自作できないので買うしかないが、そもそも半月刀なんて売ってるのだろうか――。

売ってた。

ラウンドナイフといって、革細工で使われているようだ。革小物を作るためにレザーを裁断したり、断面を漉いて薄くしたりする便利な道具。さすがに「羊皮紙づくりにぴったり」とは書いていないが、まさに「半月刀」そのものだ。ネット通販のハードルは難なくクリアし、購入。ヤギは半月刀を手に入れた。

さあ、これで基本の道具はそろった。ギリギリで脱毛工程に間に合いそうである。

毛が抜ける！　楽しい！　脱毛しながら自問自答

④皮を取り出して毛を取り除く。

ジュワッパー！

二月二日から一〇日まで、レシピ通りちょうど八日間石灰に浸けていた皮を勢いよく水からあげる。羊毛が石灰液を吸いまくっているのでかなりの重さだ。

プファッ、オホッ、ホッ……。

初めてかぐたぐいのニオイだ。何と形容したらよいのだろう。

昔ながらの汲み取り式便所（通称ぼっとん便所）のようなドヨ〜ンとした重い臭気に、酢を足したツーンという酸っぱいニオ

ジュワッパーッと生皮を石灰液から出す

イに、悪くなった牛乳を入れて水で割った感じ？

実際にこのブレンドを試したわけではないので、あくまでも勝手なイメージである。まあ、よい香りではないことはお察しいただけるだろう。

石灰のアルカリ分で表皮が分解されて毛穴が広がっている状態だ。ごく大雑把に言えば、表面が腐ったということ。取り切れていなかった汚れと脂が混じった溶液に、生ものを一週間以上常温で放置しておいたら無臭ではいられない。それでもやはり、最初の洗浄をしっかりと行うことで、皮に附着している汚物の腐食を最小限に食い止められるためニオイは軽減できるのだ。

この「石灰脱毛法」は八世紀にアラビアで開発されたらしい。アラブ女性が石灰を額に塗って産毛の脱毛をしていたのが起源だそうな。今で言う除毛クリーム的な処方なのだろうが、肌荒れは大丈夫なのか。せっかくキレイにしたおでこから、どんよりしたニオイがもわ〜んとしてたのかなと思うと、あまり想像したくはない。とはいえ、当時の羊皮紙界では画期的な方法であった。それまでは、なんと動物の糞を使って脱毛していたという。さぞ強烈なニオイだったことだろう。

初めての異臭に耐えながら、ひつじ皮を風呂場、いや、「羊皮紙工房」の床に敷く。恐る恐る羊毛の束を指で掴んで引っ張ってみる。

モサッ　モサモサッ　モサモサモサッ

お、抜ける！　ぬおおー毛が抜ける〜！　わ、気持ちいい〜！　たのすぃ〜！

自分が風呂場でやっていることを文字にすると恥ずかしい。

でもこれは一度ぜひ体験してみてほしい。ほんとに気持ちよいほど抜けるのだ。毎日かき混ぜた甲斐があった。

風呂場で脱毛　結構楽しい

我を忘れて毛を抜く快感。風呂場での新たな癒しを見つけてしまった。
ただ、ある程度脱毛が進むと、なんともまあ生々しい肌色の地肌が見えてくる。質感から肌のキメ、シワの寄り方まで、何となく人肌を思わせるビジュアルだ。脱毛の愉悦からふと我に返ると、風呂場で猟奇的な行為をしている自分の姿を妙に冷静に想像してしまう。
「自分ここで何やってんだろ？」
これも中腰の作業で腰痛持ちにはこたえる。なかなか抜けないガンコなところもあり次第に最初の興奮が薄れゆく。脱毛しながら「自己の行為の意義」という哲学的な命題に対し、自問自答を繰り返す。ていうかこれ、きらびやかな写本の美に憧れてやり始めたのに、逆方向に行ってないか？

とはいえ、もう走り始めたものは止められない。ここでやめたら皮も自分も文字通り腐って終わりだ。それはひつじに対しても、送ってくださった牧場の方に対しても失礼になる。美は自然に生まれるものではない。臭くて汚い作業を通して生み出すものだ。それもゼロからではなく、このひつじ皮が元々持っている美しさを引き出す作業。「美肌に導くスキンケア」。それが羊皮紙づくりの本質ではないだろうか。

更けゆく夜にひとり風呂場で、毛を抜きながら考えた。

また石灰液に八日間？ 待ちきれないから飛ばしてしまおう

⑤皮を再度石灰液に8日間浸しておく。その後皮を水に2日間浸しておく。

毛を抜いてから、また石灰液に皮を浸すそうな。何のために？

オランダのウェブサイトの補足説明によると、毛を抜いてフリーになった毛穴から、毛が付いていたときには除去できなかった脂などを取り除くためとのこと。

だが、すでに木枠に張れる状態に見えるのに、さらに八日間は待ちきれない。再度石灰液に浸ける工程は飛ばしてしまおう。はやる気持ちを抑えられない。脱毛した皮をきれいに水洗いし、アルカリ性に傾いている状態を中和するために、一晩水に浸け置く。ただし、この再石灰浸け工程を飛ばしてしまったがために、後で脂に悩まされることになる……。

木枠に張った皮との格闘

⑥皮に紐をつけて円形枠に縛り付け、乾かす。

いよいよ脱毛した皮を木枠に張り付ける工程だ。ようやく羊皮紙づくりっぽくなってきた！まずは皮に紐を取り付けないといけないのだが、「紐をつけて」としか書いていない。「これやっといて」的なアバウトさだ。実際にやるとなると、「じゃあどうやって？」を自分で考えないといけない。

とりあえず最も簡単な方法は、皮にキリで穴を開けて紐を通すことだろう。この方法だと皮が引っ張られたときにその穴が裂けてしまうリスクもあるが、やる前から悩んでもしょうがない。この方法でやってみよう。

その他、小石を皮の端にくるみ、投げ縄のようにした紐で「てるてる坊主」のように結ぶ方法や、皮に小枝をグサッと突き通して、その小枝の両端に紐を結んで引っ張る方法もあるらしい。それは応用編としておいおい試すことにしよう。

皮の周囲全体に紐を取り付けて木枠に張ると、ビジュアル的にはりつけの刑のようで痛々しい。心を殺して、取っ手を徐々に回して紐を巻き取り、テンションをかけていく。ひつじの皮はさらに痛々しさを増しつつ次第に伸びてゆく。同時に、ひつじも「伸ばされてたまるか！」という意志を持っているかのごとく、必死に最後の抵抗をしているようだ。木枠がその力に耐えきれず、ギシギシという音を立てて次第に対角線上にねじれてゆくではないか。

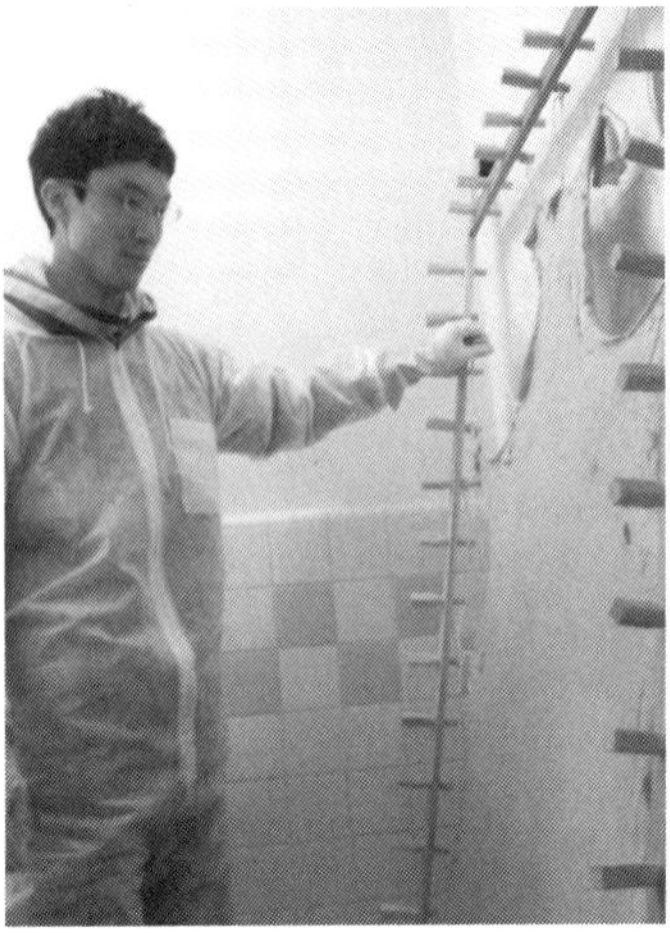
皮を木枠に張り付け取っ手を回して伸ばす

いったい何キロくらいの張力がかかっているのだろう。張力測りで計測すると、紐一本につき約四キロ。皮の周りには約二〇か所に紐が取り付けてある。つまり、四×二〇＝八〇キロの力で皮が引っ張られている計算だ。少々重めの大人ひとりが乗っていることになる。ということは、木枠も体重八〇キロの人がぶら下がってもビクともしない強度が必要なのだ。
杉の角材では完全に強度不足であった。でも作り直してはいられない。すでに皮は準備してある。とはいえ、このまま何もしないと、木枠が耐え切れずに崩壊してしまう。

モノづくりのワンダーランド、ホームセンターに急行した。金属ラック用のステンレス製の柱を四本購入。またフラフラになりながら自転車を押して帰ってくる。

木枠を補強し、なんとか歪みを抑えられた。

羊皮紙づくりのハイライト　待ちに待った皮削り

⑦鋭利なナイフで表面を削る。

さあ、やってきましたこの工程。木枠に張った皮をナイフで削る——典型的な羊皮紙づくりのイメージだ。ついにここまでたどり着いたか。

乾燥させた皮を張った木枠の取っ手を全体的に締め付けてテンションをマックスにする。緩いとナイフを押し付けてもバウンドするだけで、削りの力が分散されてしまうのだ。

半月刀の刃を皮に垂直に押し当てながら、下方向

17世紀の書物にある羊皮紙づくりの図
（『人間の職業』1694年、著者蔵）

半月刀で皮を削る

にスライドさせる。

「シュワイ～ン」という金属音が風呂場に響く。羊皮紙用語ではこの音を「Knife sings」(ナイフが歌う)と表現するらしい。なんと詩的な。

毛が生えていたほうは、ナイフを動かしても「シュワイン シュワイン」と歌声を響かせる割にはあまり効果を感じない。若干抜き残した毛がモソッと取れる程度だ。木枠を裏返し、肉が付いていた側でナイフが本領を発揮する。

肉側には、乾燥してジャーキーのようになった肉やら皮下脂肪やらがベッタリと附着しているのだ。こちらの面ではナイフの歌声はザクッザクッという作業音に変わる。ナイフが肉片を捉えて削ぎ落とす。剥がれた肉片は結構な量で、軽く夕食分にはなるだろう。でも「羊肉ジャーキーの石灰漬け」は、あまり食欲をそそらない。プニョプニョの塊になった皮下脂肪も削ぎ落とす。人間の脂肪もこんな風にナイフで削ぎ落とせれば、ダイエットも楽になるだろうに。

削っているうちにナイフを押し付ける圧力で皮が伸び、紐も緩んでくるため、都度取っ手を回してテンションをかけることが肝心だ。

こんなことを繰り返していると、次第に肉側にも引っ掛かりがなくなり、ナイフが「シュワイ〜ン」と歌いだす。こうなるとほぼ完成だ。

取っ手を回してテンションをかけ、最後にダメ押しのひと削り——と、ナイフを押し当てた瞬間。

パン！

と、かん高い音が風呂場に響いた。か、皮が割れた……。ナイフを強く押し当てすぎて、カットしてしまったのだ。あ〜あ、この前の段階でやめときゃよかったのに……。余計な気合を入れて台無しにしてしまった。

でも最初から完璧を目指しているわけではない。気を取り直して仕上げにかかろう。とはいえ、やっぱり落ち込むな〜。

仕上げは軽石で「スキンケア」

⑧2日間日陰で乾かす。水で湿らせ、肉側を軽石の粉で磨く。さらに水で濡らして紐をきつく締めシート状に固定する。

何はともあれ、仕上げに入ろう。「軽石の粉で磨く」とあるが、そんなのはどこに売っているんだろう。火山が近くにある地域だったら迷惑なくらい積もっているものかもしれないが、今いる横浜に火山はない。そもそも粉末である必要はあるんだろうか。軽石そのものだったら、かかとの角質落としとして百円ショップでも売っているだろう。お風呂グッズ売り場で、軽石を買ってきた。

乾燥状態の皮を、湿らせたボロ布で軽く拭く。しっとりしてきたところで、表面を軽石でこする。すると、表面からボロボロと消しカスのような屑が落ちてくる。この「垢すり」工程も、まさに「スキンケア」そのものだ。濡らしすぎると、そのカスが水で膨張して軽石が目詰まりしてしまう。中世の手順では皮を「水で濡らし」ではなく「水で湿らせ」と書いてある。なるほど、これは実作業に基づいた絶妙な表現だ。

こうして軽石で磨いていると、「大丈夫かな?」と思うくらい表面が荒れてくる。そこで、最終的な手順として水で「濡らす」というのがポイントだ。パッサパサになった皮を水でべしょべしょにした布で濡らし、表面を撫でつける感じで起毛した線維を落ち着かせてゆく。最後に取っ手を回してテンションをかけて乾かすと――。

⑨乾いたら完成である。

メイド・イン・風呂場の羊皮紙完成！

メイド・イン・風呂場の羊皮紙完成！

ついについにー！　完成しました初羊皮紙！

いや～生皮調達から道具づくり、初めての作業の数々に、終わった後の風呂掃除。二〇〇七年一月三〇日から二月一七日の一九日間にわたる試行錯誤の奮闘であった。

苦労した～、くさかった～、腰痛かった～。

でも、いやーこれ、自分で作ったんだー。

楽しかった～！　大・満・足！

あの毛がボーボーのひつじの皮を、自分の手で「紙」にした。単なる白い紙に、これほど感動するなんて！

作る前は、「何でアレ（モッサモサのひつじ皮）が、コレ（紙）になるの？」と不思議だったけど、一通りプロセスを辿るとスッと腑に落ちる。ただ、一九日間奮闘したわりには、ここから採れるＡ４サイズの用紙はたったの六枚。以前買ったＡ４サイズの羊皮紙は強気の四〇〇〇円だったが、今となっては十分理解できる値段だ。

なんでも自分でやってみるって、大事！　教えてもらったものではなく、自分で体験したものは体と感情に染みつく（ニオイも）。

その経験もひっくるめて、初めて作った「メイド・イン・風呂場」の羊皮紙は、大成功だった。

自作羊皮紙で写本づくり

このまま飾っておいてもよいが、もともと中世ヨーロッパの写本作品が作りたかったわけだ。多少躊躇《ちゅうちょ》しながらも、自作羊皮紙第一号を本づくり用に長方形にカットすることにした。無傷の羊皮紙であればもっと悩んだだろうが、ナイフで破ってしまったので案外たやすく踏ん切りがついた。

なるべくキレイで書きやすそうな部位を選んでＡ５サイズの長方形にカットする。動物の形

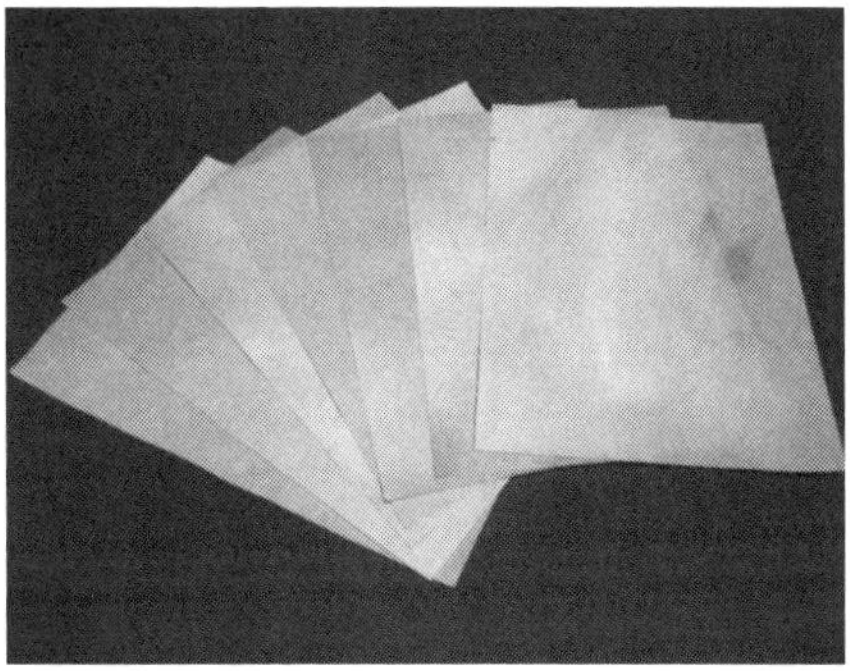
写本作り用「紙」らしくなった

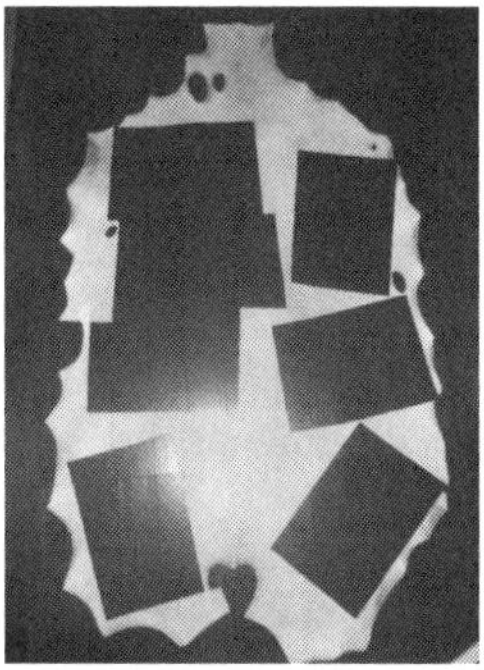
A5 サイズを切り抜く

のままだと「皮感」があるが、長方形になると、なるほど「紙」だ。色味も厚みも均一ではないが、そこがまた普通の紙と違ってとてもよい雰囲気を出している。アラビア書道用に購入した人生初羊皮紙のようなものを自作できた満足感にまた浸る。

さて、何を書こうか。せっかくの自作羊皮紙に、既存作品の模写ではなんだかつまらない。自分の作品として、自分だけの写本が作りたい。でも、西洋のカリグラフィーなんてやったことないのにできるのか……。

でも、もうこれは美術展に出すための作品ではなく、自分の学びのための体験だ。うまく書けなくても問題なし！早速カリグラフィー入門書を購入し、少し紙に練習して羊皮紙への筆写にかかる。書く文章は、ラテン語旧約聖書の「ルツ記」。羊皮紙の枚数は限られているので、内容が適度に短いものを選んだ。ラテン語はまるっきりわからないが、普通のアルファベットなのでヘブライ文字やアラビア文字よりも取っつきやすい。

羊皮紙にラテン語の文字を書くために中世ヨーロッパで使われていた道具は「羽ペン」だ。ガチョウの羽根の先端をカットして、万年筆のようなペン先とする。現代のペンのようにインクが自動的に出てくるわけではない。ペン先をインクに浸しながら一文字ひと文字記してゆくのだ。

羊皮紙に羽ペンで書く――なんて優雅なんだろう！　ぜひとも羽ペンを……と言いたいところだが、そこまでこだわっているといつまで経っても写本づくりに着手できない気がする。また羽根を探して「コンテナ一杯分とか」になったら埒が明かない。ここは手堅く市販のカリグラフィー用の金属ペンを使おうではないか。それならヘブライ書道で使っていたので手元にあるし、多少は慣れている。

さーて、書くぞ～！　カリグラフィーペンにインクを付けて、記念すべき最初の一文字！

あれ？　書けない……。

インクが出ない。インクを付け直しても、あれ、おかしいな……。

普通の紙に書いてみると、出る。ていうか、むしろインクの付けすぎでボタ落ちするんだけど。

でも羊皮紙に書こうとすると、出ない。もしかして、これってインク弾いてる？

どうも脂が多すぎてインクが付かないようだ。クッキーを作るときに使うツルツルのクッキングシートに、水性ペンで字を書こうとしているような悪あがき。

ガーン……。羊皮紙を作ったはいいが、字が書けない。これって、車を買ったはいいけど走らないのと同じではないか。飾るだけならいいけど、ちゃんと機能してくれよ。

う〜ん、やはりあの「再石灰浸け」の工程を飛ばしてしまったのがいけなかったのか。脱毛後にさらに八日間じっくりと石灰に浸けることで、線維内の脂が除去されるのだろう。「時間」も欠かせない材料の一つということか。早く木枠に張ってみたい、早く完成品が見たい！というはやる気持ちが、不良品を生み出してしまった。すべての工程に意味があるのだ、ということを今さら知ってももう遅い。

とはいえ、まったく書けないかというとそうでもなく、切れ端で試すとそれなりに書ける個所もある。この個所に近づけるように表面を削れば脂の影響を軽減できるものなのか。

いい感じのアンティーク感を出していた表面をサンドペーパーで削っていく。削り粉と脂が混じって消しカスのようなまとまりとなる。やはり結構脂が残っていたのだ。脂を除去するには、「タルク」という多孔性鉱物の粉をまぶす。ベビーパウダーにも含まれているサラサラな粉末だ。羊皮紙にタルクをまぶしてその細かい穴に脂を吸着させてティッシュで拭き取り、また削る作業を繰り返す。力を込めて削りの作業を続けると右腕の二の腕部分の筋肉が張ってくる。

なんとなく脂ギッシュ感がなくなってきた気がする。厚みのあった羊皮紙は薄くなり、色は真っ白に近くなった。まだ触ると全体的にしっとり感はあるが、これ以上削ると穴が開いてしまう。すでに破れた個所も出てしまった。しかも結構疲れてきた。この程度でよしとしよう。

処理の終わった羊皮紙を見ると、普通の白い紙のよう。ふと、シリアのアラビア書道ミュージアムで「ショボい」と感じたコーランの羊皮紙を思い出す。なんの雰囲気もない普通の白い紙のようなつまらない羊皮紙は、筆写のために入念な処理をしてある証拠であったのだ。

カリグラフィー用の金属ペンにインクをつけて筆写すると、今度は問題なく書ける。さすがにスラスラとはいかないが、自作羊皮紙に文字が書ける喜びをかみしめる。

「アルファベット」とはいえど、選んだ書体は一五世紀写本に特有のカクカクしたゴシック体。中世の人は、よくこんな書きにくく読みにくい文字で本を書いたものだ。『e』なんてクルッと一筆で書けばいいのに、縦横斜め六本の直線で書くため、やたらと時間がかかる。

ペンにインクを付けながら、一文字ひと文字をじっくり丁寧に書き写す――大変ではあるが、中世の時代に本がいかに特別なものであったのかが実感できる。

やっとのことで筆写が完了。イニシャル文字に金箔を貼り、水彩絵具で着色して徹底的にデコる！　ボーダー装飾はパリの写本をモチーフにしたツタ模様。何も考えずにひたすら隙間なく模様を描き入れる。案外好きかもしれない。

全ページに装飾を入れようと気合を入れて下描きまでしたのだが、四ページフルに装飾してエネルギー切れ。ひとまずこれで区切りをつけて、あとはゆっくり完成まで持っていこう（総扉写真参照）。

羊皮紙を三枚ずつ重ねて半分に折ってひとまとまりにする。これを製本用語で「折丁《おりちょう》」と言うらしい。その折丁を二つ作り、あらかじめ加工しておいた木の板で挟んで麻ヒモで連結する。この板が表紙となるのだ。

中世写本の表紙は約一センチの厚みがありゴツい。羊皮紙は湿度変化でうねるので、軟弱な表紙だと本文用紙を抑えておけないのだ。羊皮紙というのは、もともと立体的な動物の皮を、強制的に平らな状態にしているもの。湿気により、水を得た魚ならぬ水を得たひつじのように活気づき、元の動物の姿にもどろうと喘ぐ。

分厚い板を使うとともに、留め金でしっかり表紙を固定することで、羊皮紙の動きを制御するのだ。暴れひつじを閉じ込めておくケージとでも言おうか。

表紙にレザーを貼り、金具や天然石を取り付けてゴテゴテにデコる。「デコる」とはいえ、適当ではなくそれ相応の意味がある。中世では、重い書物を平積みにして上に重ねて保管したという。上に載っている本で表紙が傷付かないように、頑丈な保護金具を取り付けるのだ。いわゆる、「本の甲冑」である。それが高じて、特に皇帝に献呈されるような豪華写本の装丁は、金銀宝石で覆われた宝箱のようなものもあった（口絵Pⅷ上・右下参照）。

羊皮紙に手書きで作った写本が完成した（口絵Pⅷ左下参照）。

毛むくじゃらのひつじ皮が届いたのが二〇〇七年一月三〇日で、羊皮紙が完成したのが二月一七日、写本が形になったのが三月三一日。こってり濃厚な二か月間。

好奇心に突き動かされ、勢いのまま試行錯誤で作った羊皮紙写本。あらゆる面でド素人の作った工作にすぎないが、数々の失敗も含め、その過程で学んだことはかつてないほど多かった。自分の学習と満足のためだけに、素材から作った自分だけの大切な羊皮紙写本。私自身の原点として、二〇二四年執筆時においてもかけがえのない宝物である。

第三章

よりよい羊皮紙を目指して

羊皮紙づくりの答え合わせ

次から次へと湧き出る疑問

動物の皮から写本にするまで、一通りの道を辿ってきた。学んだことは数多いが、それと同じくらい、いやむしろそれ以上に、疑問が湧いてきた。

実際、中世写本の羊皮紙の厚さってどのくらいなんだろう。表面処理ってどの程度してあるのかなあ？　ツルツルなのか、ある程度粗目に仕上げているのか。触ってほんのりしっとりしてる感じでいいのかなあ？

もうこれは博物館などで写本を目視観察してもわかり得ないことだ――本物を手に入れるしかない。

オークションで中世写本を手に入れる

とりあえずネットで中世写本が買えないか探してみる。いや、さすがにそれって無理だよね。あっても高くて手が出そうにないけど、探すだけ探してみよう。

するど、海外のオークションサイト「イーベイ」で、結構なお手頃価格で中世の羊皮紙写本が売っているではないか。え、ホントに買えるの、写本って？
「中世写本」と一口で言ってもピンキリだ。「車を買う」といっても、中古の軽自動車か新車のフェラーリかでまるで違う。中世の羊皮紙写本は、一冊まるごとの場合は相場として数百万から数千万円。それはさすがに手が出ない。オークションサイトでは、一五世紀フランスのお祈りの本を中心に、本から一ページを切り取った形で出品されている。これも装飾や細密画の有無で大きな価格差があるが、安いものだとなんと一万円前後で手に入る。

私の場合は、装飾の有無など美術品としての特徴はそれほど重視しない。なぜなら、目的は「中世の羊皮紙を触りたい」だけだからだ。

オークションで出ていた、一番質素な一四五〇年頃パリで作られた時祷書（一般市民のお祈りの本）の一ページを入札した。あまりにも地味すぎてなのか競合は現れず、そのまま落札。落札金額は当時のレートでたったの八〇〇〇円。この金額で約五〇〇年も前の羊皮紙が手に入るというのは衝撃的だ。

約三週間後、写本が届いた。五〇〇年前の羊皮紙写本が手元にある不思議さよ。
縦一二・五センチ、横八・五センチ。はがきよりも一回り小さい。恐る恐るビニールから取り出してみる。初めて触れる中世の羊皮紙。

「うっすーい」

一目瞭然ならぬ、「一触瞭然」であった。頭の中で渦巻いていた疑問は、実物に触れることにより一瞬で解決。

コピー用紙、つまり普通の紙のような薄さである。厚み計で計測してみると、厚さ〇・一二〜〇・一六ミリ。厚さは場所によりバラツキがあるが、平均〇・一四ミリ程度だ。といっても多くの方は紙の厚さなど意識したことはないだろう。基準として、今お読みのこの本の紙一枚が約〇・一三ミリ。実際にこの本の紙をつまんで厚さを確認しながら読み進めていただきたい。このときに届いた中世写本の羊皮紙は、それとほぼ同じ厚さだ。

風呂場で初めて作った羊皮紙の厚さは、部位によって大きな差がある。脇腹付近は約〇・三ミリだが、首から背骨、臀部に至る体幹部は分厚く、一ミリのところもある。これはかなり分厚い。この本の紙を七枚重ねたくらいの厚さだ。やはり、生命体として大切な体幹を守るために、その部分は皮も分厚く丈夫になっているのだろう。

その分厚い部分を極力避けてカットした長方形の羊皮紙をサンドペーパーで削った後は、〇・二二〜〇・二五ミリであった。穴が空く直前のかなり限界まで削ったつもりだったが、一五

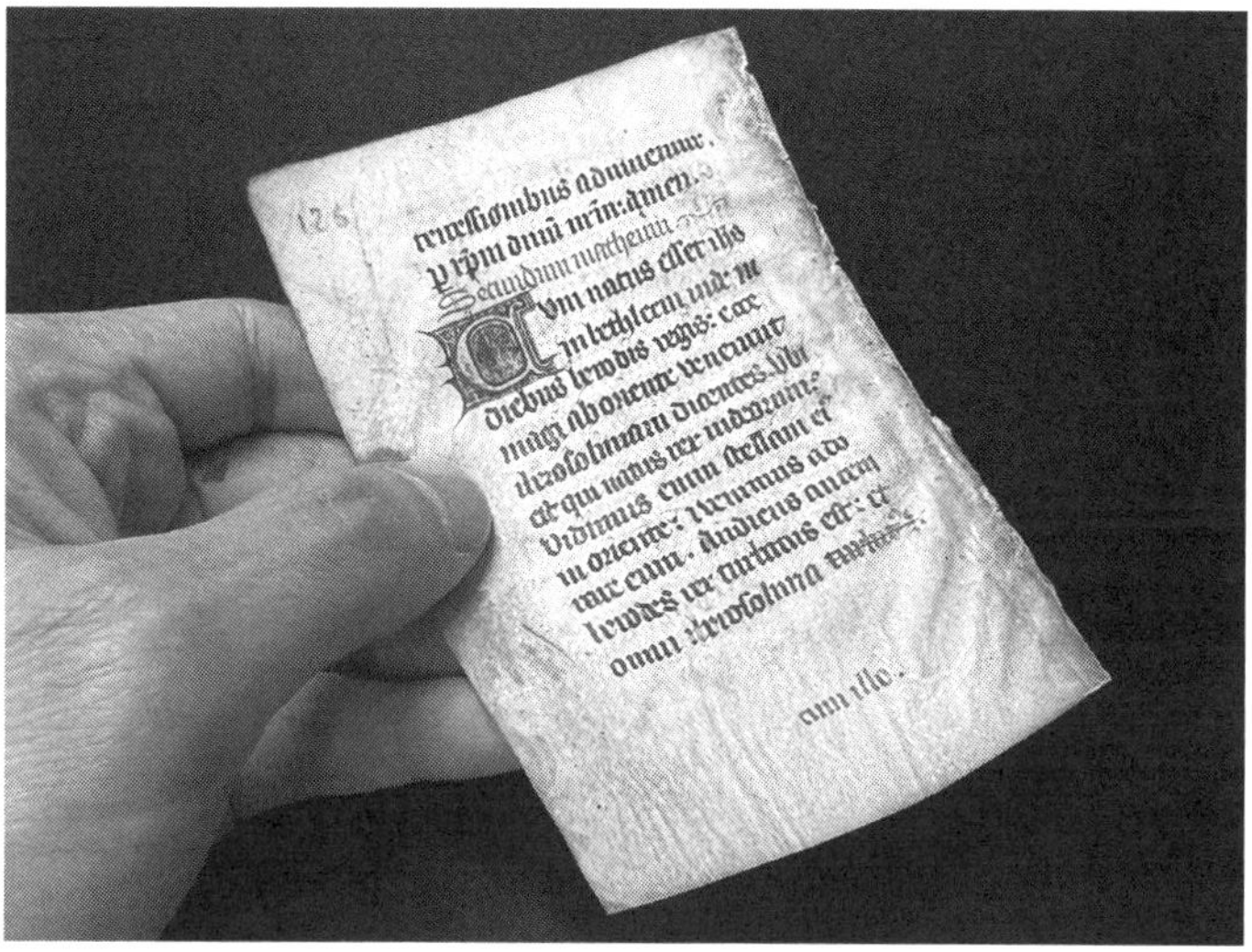

手に入れた羊皮紙写本の一ページ（1450年頃）

世紀パリの写本羊皮紙はさらにその半分の厚さになるまで削ったということか……。当時の羊皮紙職人、根気ありすぎ。腕の筋肉すごかったんだろうな。

写本羊皮紙の見た目は両面ともほぼ同じ質感で白い。これは風呂場製羊皮紙で作った自作写本のものとほぼ変わらず、実物と比較して自信となった。触った感じ、しっとり感はない。すでに五〇〇年も経過しているというのもあるが、やはり脱脂処理をしっかりしているのだろう。

表面を触った感じも、まさにコピー用紙のようなサラサラ感。プラ板のようにツルツルでもなく、サンドペーパーのようにザラザラでもない。ものを書きやすい滑らかさって、昔も今も、羊皮紙でも紙でも共通なんだ。自作羊皮紙と比較してみても、それほど差を感じない。

おー、何のサンプルもなしで作った羊皮紙だが、中世写本の羊皮紙に近い質感！　これは合格点をあげてもよいのではなかろうか。あとは厚さだけクリアすれば、当時と変わらぬものとなる。

本物の中世写本を片手に行った答え合わせの結果、相当な自信を得られた。

羊皮紙写本に残る中世職人のこころの揺らぎ

写本羊皮紙の観察が終わり、その上に書かれている文字やイニシャル装飾を愛でる。やはりド素人の私の作品とは雲泥の差。非の打ちようがないプロの業。

書いてあるのは、新約聖書「マタイによる福音書」を含むラテン語の祈りだ。

写本の裏表を観察していると、一番終わりの単語になにやら一本の赤線が引かれている。これ、何だろう……。ネットにあるラテン語聖書でこの部分を検索すると、元々は次のような文章らしい。

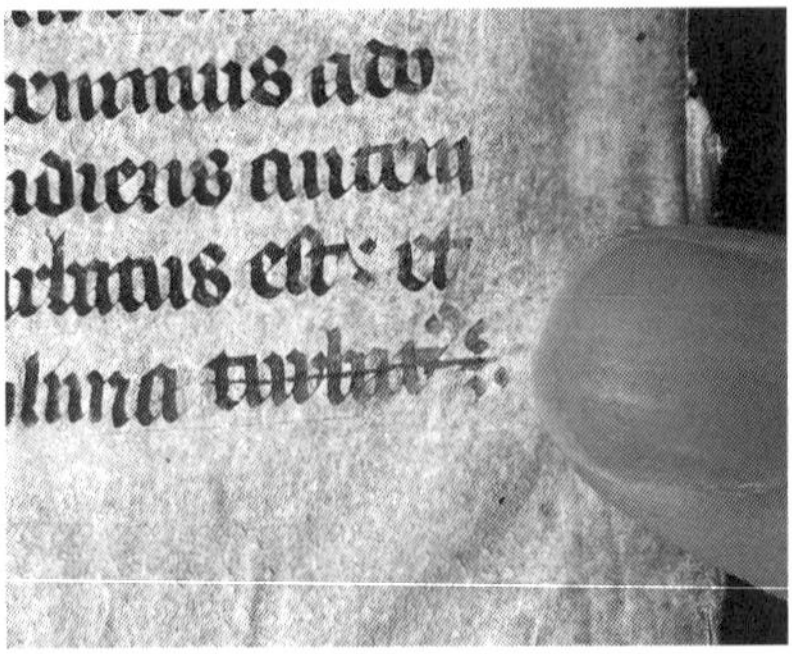

最後の最後でミスった！（指差し個所）

「ヘロデ王は不安を抱いた。エルサレムの人々も皆、同様であった。」
（日本聖書教会『新共同訳新約聖書』「マタイによる福音書」二章三節）

この筆写職人はおそらくこの文章を暗記して書こうとしたのだろう。ところが、次のように書いてしまった。

「ヘロデ王は不安を抱いた。エルサレムの人々も皆、不安……」

「同様」を「不安」と間違えた！　これを書いている最中に職人は間違えに気付き、自分自身が不安になってしまったようだ。次第に筆致がプルプル震え、文字がかすれゆく。

しかもこの間違いを犯したのは最後の最後。裏表順調に書き進めてきて、最後の最後にミスった！　一瞬固まり、大きなため息をついて「おいマジか……」と呟きながらガクッとくる様子が目に浮かぶ。

なんだか、こういう間違いを見つけると妙にうれしくなってしまう。性格的に問題ありなのだろうか。いや、人の不幸を喜んでいるわけでは決してない。完全無欠の遠い存在だった中世の職人に対して、急に親近感が湧いたから。写本づくりを少しばかりだが体験してみた自分としては、そのときのガックリ感がわかる気がする。「こんど一杯どおっすか！」と居酒屋にでも誘いたい気分だ。

たった一枚の中に、物語がある。一五世紀パリの写本工房という密室で起きた、歴史には記録されていない中世の日常の一幕。単語の上に引かれたたった一本の赤線をきっかけに、名もなき職人のこころの動きまでもなんとなくでも想像できる。

中世写本の醍醐味にグイグイ引き込まれていった。

実物に直接触れるパワーは計り知れない。美術的な価値よりも、当時の羊皮紙の実物サンプルとして欠かせない資料だ。そして何よりもモノづくりの過程が知れるものとして、間違いなどがある「不完全」なモノのほうが面白い。

写本収集の沼にハマる

この有意義な体験を皮切りに、どんどん好奇心が高まってゆく。

「パリの写本はこうだけど、別の地域はどうなんだろう」

「一五世紀は〇・一四ミリだけど一三世紀は違うんだろうか」

「祈祷書じゃなくて別のジャンルは？」

「大型の写本だともっと分厚いんだろうか」

沼である。

羊皮紙は紀元前から一五世紀まで日常的に使われてきた。この調子でいくと人間の歴史をすべて網羅しないといけなくなる。

網羅したい。

海外のオークション、旅先の古書店、海外のネット書店などからありとあらゆる写本を取り寄せた。

一五世紀ドイツの祈祷書――「羊皮紙に穴が空いても使うんだ～。すげー、ここ、穴が広がるのを防ぐために縫ってある！　しかも表面がモモの皮みたいに毛羽立ってる。けども字は滲んでない」

一六世紀イタリアの証明書――「やっぱり大型になると分厚いんだ。裏表の色の差もあるし。削る前の風呂場製羊皮紙と同じだ」（口絵Ｐⅵ・ⅶ参照）

一三世紀パリのポケットバイブル――「え、ナニコレ？　〇・〇四ミリ？　ティッシュより薄いじゃん！　どうやったらこんなんできるの？」

見る、触る、測る――発見と驚きの連続だ。

プロの羊皮紙職人ヘンクさんに聞く

中世写本の羊皮紙を観察しつつ、二頭目、三頭目と羊皮紙づくりを続ける。手順もだいぶ慣れてきた。とはいえ、どうしても完成してからジワリと染み出す脂に手こずる。厚さに関しても、地道にサンドペーパーでガシガシこすって削るものの、一頭分を全体的に薄くするのはかなり大変なのである。木枠に張った状態でのペーパーがけは、皮がバウンドして力が分散され、うまくいかない。かといって風呂場の床は滑り止めのためデコボコだ。仕方なく一番広い台所の床に置いての作業となる。

試しに電動ドリルにサンドペーパーを付けて削ってみたところ、面白いようにサクサク進む。だが、削り粉の飛散が半端なく、電子レンジや冷蔵庫、食器棚までも薄っすらと粉で覆われてしまった。これじゃあ生活空間では続けられない。そもそも中世に電動グラインダーなんてないし、工業製品として量産したいわけでもない。しかたなくまた中世と同じ手動に戻る。

脱脂についても、さまざまな方法を模索する。現代皮革工業の資料で、アセトンを使って皮の脱脂をするという情報を見つけて早速試してみた。アセトンとは、ネイルの除光液で強い脱脂作用がある溶剤だ。うん、確かに脱脂効果はある。でもこれって、自分がやりたいことなのか……。現代の薬品を使った「皮革工業」に携わりたいわけではなく、昔ながらの方法で昔ながらの羊皮紙が作りたい。変なこだわりかもしれないが、自らすすんで迷宮に戻る。

一人での試行錯誤はとっても楽しくやりがい満点なのだが、こういうときには困る。やはり師匠的立場の人が必要だ。ふと、もともと参考にしていたあのウェブサイトを思い出した。

今となるとなんだか懐かしい。一通り経験した現在、一つひとつの工程の思い出がよみがえる。まるで旅行から帰って改めてガイドブックを見る感覚だ。行く前に見たときとは没入感がまるっきり違う。

どこかにヒントはないものかと探してみると、「お問い合わせメールアドレス」があるではないか。

サイト管理者の名前は、Z. Henk de Groot（Z・ヘンク・デ・グロート）、「ヘンク」さんというらしい。オランダ ロッテルダムの羊皮紙職人だ。ちなみに、ヘンクさんは二〇一三年に即位したオランダのウィレム＝アレクサンダー国王の即位文書の羊皮紙を製作したプロ中のプロの羊皮紙職人である。

ここはヘンクさんに質問してみるのが最も早道ではないだろうか。この際、疑問に思っていることを全部聞いてみようではないか。

日本でひつじ皮から羊皮紙づくりをしているヤギケンジと申します。羊皮紙づくりにつきましていくつか質問をさせてください。

1　ひつじ皮の脂の処理はどうするのでしょうか。石灰浸けの期間を延ばす？　もしくはその他の方法があるのでしょうか。
2　写本のような薄さにするにはどうすればよいでしょうか。現状、乾燥させて仕上げ時にサンドペーパーで削っているのですが、軽石を使うなど別の方法がよいでしょうか。
3　カリグラフィー用の表面処理として、粒子の細かい軽石の粉を使われたりしていますか？　もしくは、細目のサンドペーパー（四〇〇〜六〇〇番）の仕上げで大丈夫でしょうか。
いろいろと実験を重ねている最中ですが、ご意見をいただけますと幸いです。

送信。
さあ、あとは待つのみ。何かヒントがもらえるか。
翌日、まだ返信なし。まあさすがにすぐには返信ないだろう。翌週、まだない。お忙しいんだろう。翌月、何もなし。何か失礼なこと書いたっけ？　一年後、音沙汰なし。こっちももう忘れている。そして二年後――

お待たせしました。簡単な回答です。
1　脂処理――石灰長めに
2　薄さ　――サンドペーパーでよし

3　仕上げ――軽石粉は使ってない。サンドペーパーでよし

ヘンク

おおー、来た来た返信！　おそ！　みじか！　さすが羊皮紙界――二〇〇〇年超の悠久の歴史からすれば、二年なんてあっという間よ。それにしても見ず知らずの者からの質問に対し、放置したままでなくきちんと回答いただけたことには感謝しかない。しかもプロ中のプロからの回答で、自分がこれまでやっていた方法にお墨付きをいただけたのはうれしい。とはいえ、どこかでもっと画期的な方法を期待していたところもある。「こういう風にすれば簡単に薄くできるぞ！」というのがあれば、大変な削り作業から解放されるのだが……。

すると、海外のネット情報で次のような記述があるのを発見。

「中世の羊皮紙職人は、特有の方法を用いて皮を二枚の層に分割（スプリット）して薄くしていた」

中世の職人は、何かうまい方法で皮を上下二層にベロベロッと剥がしていたという。つまり、一枚の皮を二枚にペローンとスライスするってこと？　なるほど、だから中世写本ってあんなにキレイに薄くできてるのか〜。それができればあんな大変な削り作業をやらなくてもいいじゃん！

秘密の扉を開ける鍵を手にした。

でもその「特有の方法」って何だろう。そこが肝心なんだけど……。

いくら調べても、その「特有の方法」はヒットしない。文献に当たっても見つけられない。

試しに包丁で生皮を「二枚おろし」にしようとするが、厚さ一ミリ程度のプニョプニョの皮を一定の厚さでスライスできない。

結局その方法は謎のまま。秘密の扉を開ける鍵があるんだよ、と教えてもらったのはよいが、その鍵のありかは教えない、と言われているかのよう。もどかしいったらありゃしない。

もうあと二年待つ覚悟で、ヘンクさんにメールした。

ヘンクさん
ナイフを使って皮を二層に分割する方法をご存知ですか？
ずっとサンドペーパーで削って薄くしているのですが、分割する方法があれば知りたいなと思いまして。

送信。さてと、期待せずに待ってよう。

翌日メールを確認すると、ヘンクさんの返信だ。はやっ！

皮を分割する方法はないと思います。手動・電動にかかわらずサンドペーパーでひたすら削っていくしかないですね。私も分割の実験は何度かしたことがあるのですが、確実にキレイにできる方法の発見には至っていません。もう少し実験はしてみたいと思います。

ヘンク

しかも今回はとっても丁寧。とはいえやはり結果は同じだった。近道はない。働け働け〜い！とのこと。

羊皮紙は薄ければ薄いほど手がかかるのだ。中世の薄い羊皮紙に触れるたびに、当時の羊皮紙職人がどれだけ苦労したのかが偲ばれる。

道具のアップグレード

初めての羊皮紙づくりは、ヘンクさんのサイトにある簡単な説明のみに従って最低限の道具で行った。それでもきちんと写本にまでできたのは達成感がある。しかし、最初に急いで準備したあり合わせの道具だけでは不十分。その後も羊皮紙づくりを続ける中で、順次道具を改良したり、増やしていったりした。

まず何よりも、木枠をどうにかしないといけない。金属の補強は付けたけれども、どうして

持ち手を付けた半月刀

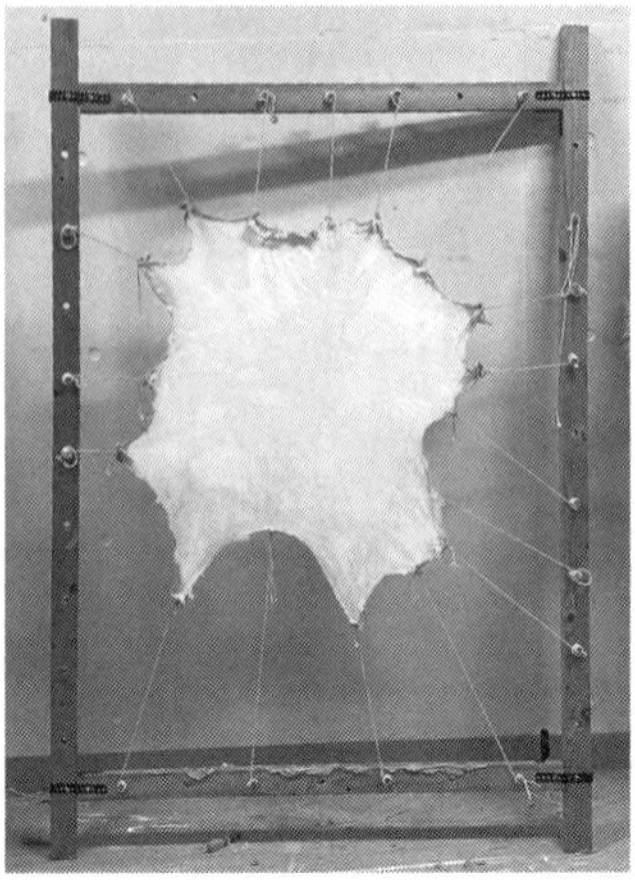
リニューアルした頑丈な木枠

もテンションをかけると対角線上にねじれる。何頭ものひつじと格闘してきた百戦錬磨の木枠はすでにボロボロだ。もっと丈夫なものにリニューアルしよう。

またまた自転車でホームセンターに向かい、今度はかなり丈夫でがっしりとした建材用のホワイトウッドの角材を購入。最初の杉材に比べると格段に重い。例のごとく自転車に角材を載せて徒歩で帰る。ねじれないように接合方法も改良。金具でしっかりと連結し、ボルトで固定した。また、常に木枠が必要な作業をしているわけでもないので、狭いアパートで生活スペースを確保するために分解収納ができるようにも工夫。生活空間を確保しながらの「快適羊皮紙ライフ」を目指す。

羊皮紙づくりのシンボルとも言える半月刀には、垂直の持ち手を取り付けた。これで安定して力をかけやすくなる。同時に、中世と同タイプの形状にすることにより、イメージ的に「羊皮紙を作ってる感」が増すのだ。気合を入れるときに勝負服を着るのと同様、道具の見た目を変えることでモチベーションが上がる。

羊毛問題と脂問題の解決

工程面で気がかりだったことも対策していこう。特に気になっていたことは、モッサリ豊かな羊毛について。石灰浸けで抜いた羊毛は、不本意ながらそのまま捨ててしまっている。「え、羊毛フェルトとかに使えるのに、もったいないじゃん」と思われるかもしれないが、いくらかわいらしいグッズができても、ゴミもすごいしニオイもきつい。石灰浸け前に羊毛を切って使おうとしてみたが、羊毛に絡む大小のゴミを取り除くのは自宅では至難の業だった。

とはいえ、羊毛が入ってフワフワになったゴミ袋を捨てに行くたびに胸が痛む。

ダメもとで牧場に「毛刈りしてから皮を送っていただくことってできますか?」と相談したところ、ＯＫのお返事。ひと手間かかるが皮の値段はそのままに、牧場としても羊毛を別途販売できるようになるのでメリットはある。それ以来、冬の毛布のようだった原皮は、ユニクロのフリースの如くコンパクトに届くようになった。

羊毛が無駄にならなくなっただけでなく、短髪になったおかげで実は脱毛作業が圧倒的に楽になった。さらに、羊毛が吸い込む石灰液の量が格段に減ったため、作業中のニオイが軽減されたのは思いもよらぬ効果だった。

専用ナイフを使った伝統的な脱毛／肉削ぎ作業
(『人間の職業』1694年、著者蔵)

脱毛作業では、せっせと手で毛を抜いている。それはそれで「モソッ」と抜けるあの感触がたまらないのだが、羊皮紙づくりの資料を見ると、どれも専用のナイフを使っている。日本刀のように刀身が長く緩やかにカーブしており、両端に持ち手が付いているものだ。土台となる丸太に皮を引っ掛けて、ナイフで一気に毛を押し抜くらしい。裏に付いている肉片や脂肪も、このナイフで一気に削げそうだ。作業が大幅に効率化できるぞ！

ただ、ネット検索してもホームセンターに行っても、似たようなナイフが売ってない。取り急ぎ、園芸用の鎌で代用することにした。土台とするのは、丸太と同じ形状で、しかもはるかに軽くて安いプラスチックの水道管。

鎌の刃渡りは一〇センチしかないのだが、それでも手での作業とは大違い。毛を短く刈ってあるおかげで、鎌をスーッと手前に引くだけで毛が塊となって簡単にボロボロ落ちる。

「ふぁ～、楽だ！　一気に毛が剥がれる！」

身近なたとえで言うと、今まで顔のヒゲを指で抜いていた人が、人生で初めてカミソリを使ったような感覚だろうか（ただし、羊皮紙づくりの場合は毛を「抜く」のであって「剃る」わけではない）。

サクサク進んだ脱毛後は、ウキウキ気分で皮を裏返して肉片と脂肪を削ぐ。こちらは毛とは異なり皮への固着が強く、鎌を土台に押し付けながらガリガリと削る。

約一時間がんばって全体を削ぎ終わった。さて、また裏返して抜き残した毛をキレイにしよう。肉と脂をガリガリ削っていた勢いで、毛側でも鎌を強く押し付ける感じでスライドさせた。すると、「ジャリジャリッ」というなんとなくイヤ～な感触が……。

力をかけすぎて、皮の表面がえぐれてズル剥けになってしまったのだ。

うわ！　やっちまった……。前処理の段階でキズものになっちゃったよ……。

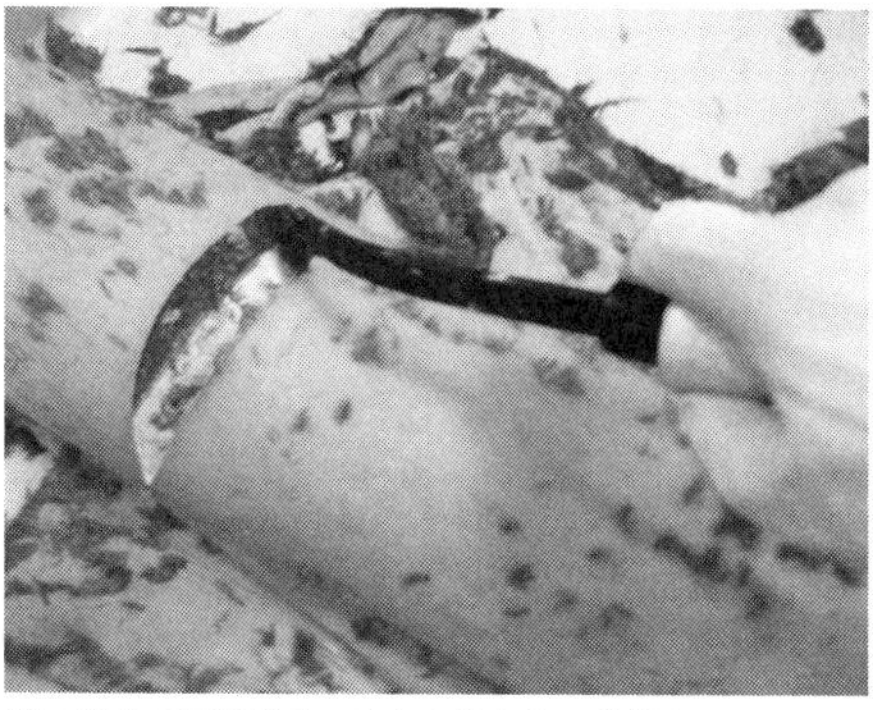

鎌の導入で快適脱毛　まさに壮大なヒゲ剃り

と落胆するのも束の間、剥けたところから、ドロッとしたコーヒーミルクのような液体が流れ出す。

コイツだ！　コイツが手ごわい脂の正体だ。これは、ひつじ特有の皮脂で、「ラノリン」というもの。ひつじの皮は大きく三層に分かれており、その中間層である皮脂層に脂が詰まっているのだ。これはひつじの皮膚を虫などから保護する重要な皮脂。でも、この皮脂をどうにかしないとインクが乗らない。羊皮紙完成後にサンドペーパーで削っても、完全に除去することは難しい。皮が濡れている状態で表皮を剥ぎ取り、皮脂層にある脂を流しきる必要があるのだ。まったくの偶然であるが、手ごわい脂を除去する方法を見つけてしまった。

とはいえ、鎌でガリガリと表皮を剥いでゆく作業はとっても根気がいる。特に背骨あたりは層間癒着が強く剥がれにくい。どうしても剥がれない個所は完成後にサンドペーパーで削ることにする。

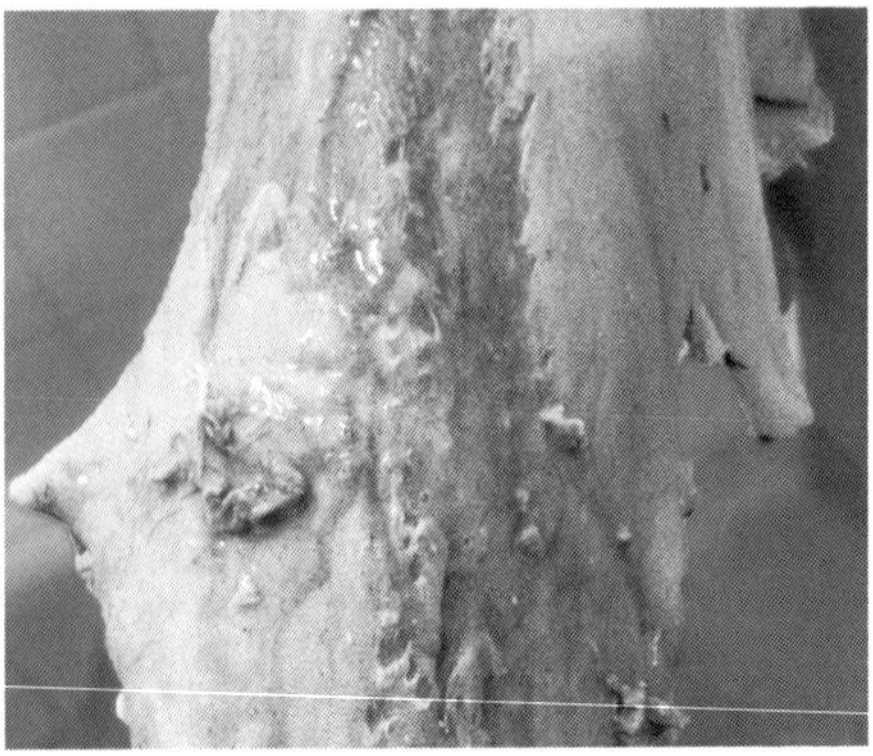
アイツ（脂）が流れ出した

この方法で皮脂層を除去することで、脂っぽさが解消されると同時に、薄くするためのサンドペーパーがけ作業もだいぶ楽になった。料理と同じく、下ごしらえにひと手間かけるのは重要である。それにしても、中世の職人特有の「分割」（スプリット）ってこのことなんだろうか。もしそうだとしたら、「上下二枚に剥がれる」という表現は盛りすぎだろう。

しばらくの間は鎌を使って行っていたが、刃渡りが短く、チマチマとしか剥がせないので作業が一向にはかどらない。やはりなんとしても長いナイフが欲しい。

改めてネットで検索すると、アメリカの狩猟系サイトで皮なめし用品として販売しているではないか。「フレッシングナイフ」（肉削ぎナイフ）と言うらしい。早速これを購入。アメリカでは、趣味で狩猟や皮なめしをする人が多く、一定の需要があるようだ。

フレッシングナイフをゲットしてようやく伝統的なやり方で脱毛と肉削ぎができた

これがあれば作業効率が上がるだけでなく、何よりも昔の羊皮紙づくりと同じ道具が使えるのでビジュアル的にもやる気が出る。

気がかりだった問題も解決し、道具もそろい、風呂場は本格的な「羊皮紙工房」と化していった。

ちょっとの手抜きが大惨事！　激臭騒動

「風呂場で羊皮紙を作っている」と人に話すと、いつも遠慮がちにこう聞かれる。

「奥さん、大丈夫なんですか？」

私もそれが心配だった。そのため羊皮紙を作るときには風呂場にビニールを敷き詰めて汚れないようにし、作業後は入念に洗浄した。羊皮紙を作ると、かえって風呂場がキレイになるというパラドックスが起きるのだ。（慣れてくるとそうでもなくなった。）

一時期、あまりにも作業が大変で羊皮紙づくりをやめようと思ったときがある。妻に「もうやめようかな」と漏らした際、「えー、ここまでやってきたんだからもったいないよ」と継続を勧めてくれた。続けられたのは妻の励ましのおかげである。

いつもサポートしてくれる妻が、なんとインドに単身赴任することになった。インドのＩＴ企業で日本語を教えるとのこと。三か月インドに行って一時帰国し、また三か月行くというスパンで約九か月滞在するそうだ。

妻がインドに旅立った後、普段は遠慮がちに一頭分ずつの作業だったのだが、ここぞとばかりに一気に三頭分の原皮を取り寄せた。

やはり、皮が多いと作業もおろそかになるようだ。ササッと済ませて次の皮に移ろうとして、原皮の洗浄が甘くなる。そのまま三枚を石灰液に浸けた。

激臭封じ込め作戦　あえなく失敗

ちょうど九月の残暑が続く中、洗浄が不十分な皮に付着している糞や血液、エサの残骸などが腐り、石灰液を入れてあるプラ容器から異臭が漂ってきた。この頃までにそれなりの数の羊皮紙を作ってきたので、脱毛に至るまでのニオイの変遷や正常なニオイもだいたいわかるようになっている。でもこの日は、いつもの「いい感じに酸っぱい」ニオイではなく、明らかに汚物の臭いだ。まあそのうち収まるだろうと高をくくって、いつものように朝出勤する。

夜家に帰ると、この世のものとは思えない激臭だ。汚物どころではなく、かいだことはないが、死臭に近い。これはまずいと、プラ容器をゴミ袋で密封する。しかし、そんなもんでは収まらない。次の日に起きたらビニールの内側にコバエの大群が遊んでいる。一晩にしてどうやってそんなに発生したのか、そもそもこんなに厳重に密封してあるのにどこから入ってきたんだろう。

原因究明はどうでもいい。とにかく近所のドラッグストアに自転車でダッシュし、殺虫剤とありったけの消臭剤を買ってきた。

アパートの隣の隣に住んでいる小学生がうちの前まで来て「なんかクサーイ！」と叫んでパタパタという足音を残

して逃げていく。

もう限界だ。このまま処理を続けたら警察沙汰になりそうだ。三頭分の原皮の値段を考えると、なんとかして続けたかったが、断念した。処分するにしても、キケンなガスでやられるかもしれないと思い、初羊皮紙づくり以来の完全防備で激臭に挑む。自分にとっての勝負服だ。

密封していたビニールを開けると、アラジンの魔法のランプからジーニーが勢いよく吹き出すが如く、封印されていたニオイが一気に放出される。もうマスクなんて何の意味もない。が、ここでいちいち反応していたら進まない。何も考えない。無心、無心。

プラ容器のフタを開け、石灰液から皮を救出。と、普段は羊毛が石灰液を吸収して重量を感じるのに今回は何も感じない。

皮自体がスライム状に溶けてしまっている。端を掴んで引き上げようとすると、モサッととろけて落ちる。そしてそのしぶきが跳ねてゴーグルと防護服に付着する。感情を殺してとにかく対策を考える。

もうこの皮自体がまるっきり使い物にならない。水分をできる限り切って、スライムと化した皮をゴミ袋に入れ、雪だるま状に幾重にもビニールを重ね

勝負服で激臭に挑む

て廃棄した。

一件落着だが、しばらくは家の風呂に入る気がしない。銭湯通いが続いた。

この一件で、石灰脱毛が開発される前に行われていたという「糞脱毛」のすさまじさを体験してしまった。古代ユダヤ社会では、あまりのニオイのためか、皮革職人の妻には夫と離縁する権利が与えられていたという。遠い昔の掟だが、夫の立場ながらも深く共感する。妻がインドに行っている間であったというのが、せめてもの救いだ。

本格的に「羊皮紙工房」始動

初羊皮紙を作ってからこれまでに学んだことは、かつてないほど多かった。これまで自分が学んだことをまとめてみたい。でもノートにまとめるだけではつまらない。今までやったことがないことをやりたい。そうだ、ウェブサイトを作ってみよう！

そうだ、ウェブサイトを作ろう

早速ウェブサイト構築ソフトを購入。ベースはソフトのテンプレートだが、細かいところの調整が必要だ。これを機にＨＴＭＬタグなどを学んでみよう。コードを調整するとビジュアルに即反映されるのが楽しくてしょうがない。羊皮紙づくりは一旦休憩し、ウェブサイト構築に燃える。無臭の作業は快適だ。

サイトの名前はどうしようか。単純だが、羊皮紙を作っているわけだからそのまま「羊皮紙工房」にしよう。羊皮紙は他の動物からも作られるのでひつじに限定しない「獣皮紙工房」や「パーチメント工房」なども考えたのだが、ネットで誰も「獣皮紙」なんて検索しないだろう。いちいち説明も面倒だし、誰もが知っていそうな「羊皮紙」で決定！

ウェブサイトは、ただサーバーにアップしてあるだけでは誰にも気付かれない。グーグルなどの検索エンジンで上位に表示される必要がある。そのためにキーワードを明確にするなど細やかなSEO（検索エンジン最適化）対策が必要なのだ。ただ、このウェブサイトはあくまでも自分の記録用。特にSEO対策なんてしなくてもいいだろう。

ところが、ウェブサイトを公開して約三日後に、グーグルで「羊皮紙」と検索すると、なんとウィキペディアの次に表示されていた。いきなり検索順位第二位だ。自分のメモ帳が、突如大衆の目に触れることになってしまった。それほど競合がいない分野なのだろう。

ビジネスの世界では、「レッドオーシャン」と「ブルーオーシャン」という概念がある。レッドオーシャンとは、「赤い海」。つまり、血で血を洗うような激しい争いが繰り広げられる市場のことだ。飲食店なんかはレッドオーシャンの業界だろう。その反対は「青い海」。競争相手もなく、ごく平和な市場のこと。「羊皮紙」はまさにブルーオーシャン。というか、日本においては無人島の手つかずのビーチ——と言えば聞こえはいいが、要はニーズがないということ。とはいえ、競争嫌いな自分としては、この狭い空間が心地よい。

ただ、羊皮紙でビジネスなどするつもりはさらさらなく、単に羊皮紙愛をぎっしりと詰め込んだ情報サイトだ。多くの人に羊皮紙というものの魅力を知ってもらえるなら、それはそれでうれしい。

サイトには、「羊皮紙売ってますよ〜」とは一言も書いていない。羊皮紙づくりは毎回ギャンブルのようなもの。届いた原皮の質にも左右されるし、油断すると穴を開けてしまったりもする。部分的には会心の出来映えであっても、全体的に完璧にするには相当な手間をかける必要がある。そもそも最近ようやくネットでモノを買うのに躊躇しなくなった程度の人間が、自分からネットで販売するなんて車の運転くらい恐ろしい。

初めての注文　結婚証明書

ウェブサイト開設から約一か月後、お問い合わせメールが届いた（プライバシー保護のため文面は編集済）。

> 羊皮紙工房様
>
> この度、結婚式を挙げるのですが、そこで使う「結婚証明書」として羊皮紙を使いたいと思っています。
>
> 昔の地図のような雰囲気に憧れていて、ぜひ自分たちの結婚式で本物の羊皮紙を使えればと思い、連絡させていただきました。羊皮紙を販売いただけますでしょうか。

ぎょえー！　け、結婚証明書⁉

人生の一大イベントで羊皮紙を使ってくださることは、ものすごくうれしいし是非協力したい。

とはいえいきなりハードル高すぎ。さまざまなことが頭を駆け巡る。


「病めるときも健やかなるときも、互いに愛することを誓いますか？」

「はい、誓います」

「それでは結婚証明書にサインを」

「ちょ、脂で弾いて書けないんだけど……」


イ……イヤー！　それはイヤー！　その状況は何としても避けなければならない。でも無碍に断るのも忍びないし、羊皮紙に憧れている方の想いをかなえてあげたい。

急遽北海道から原皮を取り寄せ、かつてない決意を持って風呂場に向かう。気合が功を奏したのか、今回の羊皮紙は会心の出来！　褐色の毛のひつじだったため、いい具合に濃いめの色素が古地図のようなアンティーク感も出している。脂もちゃんと取れていて、端の部分に試し書きしてみても問題なし！　文章の筆写は別のプロの代書屋さんに依頼するようなので、何か不具合があったら式の前に連絡が来るはずだ。結局そのまま納めていただけたので、無事結婚証明書として活用してくださったのだろう。いや〜、これは達成感がある。

その後も羊皮紙の注文や相談のメールが相次ぐ。家具の表面に貼りたいという今までに考えたこともない依頼もあった。

お問い合わせや依頼のメールでは、「御社」と呼ばれる。サイトは、全くもって個人の興味を綴っただけの内容にもかかわらず、ウェブサイトを公開すると「一個人」ではなく「パブリック」な存在となることを実感した。否応なしに気が引き締まる。

受注をすれば責任が生じる。失敗から学べるお気楽な「実験」ではなく、完成された製品を送らなければならない。

このままではいけない。真剣に学ばないと！　国内で羊皮紙づくりをしているところはない。となると、海外に行くしかない。

第四章

羊皮紙研鑽の旅

イスラエルとバーレーン

羊皮紙が熱い街エルサレムへ

羊皮紙に触れるのに、エルサレムほど格好の場所はない。なぜエルサレムなのか。それは、全世界においておそらくこの街ほど羊皮紙が「熱い」ところはないからだ。ユダヤ教では「トーラー」と呼ばれる聖典は「羊皮紙に書くべし」という掟がある。ニーズがあるということは、それだけ供給する場所もあるというわけだ。

しかし、ある意味羊皮紙は「宗教用品」である。事前にイスラエルの羊皮紙ショップにメールで問い合わせたところ、「ユダヤ教徒しか受け入れていない」という厳しい対応。購入はおろか訪問さえも断固拒否。イスラエルに行っても肝心の羊皮紙には出会えないかもしれない。しかもパスポートには、シリアの入国スタンプが押されている。イスラエルとシリアは敵対国なのだ。入国拒否、さらにはスパイ容疑で拘束されたらどうしよう。さまざまな不安を抱えながらも、二〇〇八年六月八日から一五日までの日程で、一か八かの旅に出た。

オランダ アムステルダムのスキポール空港を経由し、降り立ったのはイスラエル ベン・グリオン空港。はたして入国できるのだろうか。いよいよ入国審査だ。海外の入国審査は多少なりともソワソワするものだが、今回はレベルが違う。

先に行った妻が別室に連れて行かれている。やはりダメなのかと思いながら、通訳のために自分も付いていった。

別室では厳めしい表情の女性審査官がパスポートのページをめくる。その所作一つひとつに猜疑心が滲みでているようだ。そして審査官が口を開いた。

「Do you like travel?」（旅行好きなの？）

かすれた声で「Yes」と答える。ここから詰問が始まるのだろうか。


「Welcome to Israel」（イスラエルへようこそ）。


なんとそのまま通してくれた。そして、「入国スタンプ、パスポートに押しますか？　それとも別紙に押しておきますか？」とのこと。またシリアに行くかもしれないことを考慮して別紙オプションも提案してくれるとは！　イスラエルのスタンプが押してあると、シリアには確実に入れないのだ。なんとお優しい。第一関門をクリアした。

エルサレムのホテルに着くやいなや、早速ヘブライ書道のイジー先生に電話をかける。

「アロー」（もしもし）と年配の女性らしき方が出た。ご家族だろうか。

「イジー・プラドウィンスキーさんと話したいのですが」と私が英語で話すと、「○※△!?

■！」とアラビア語で何か早口でまくしたてている。電話番号を間違えてアラブ人家庭にかけてしまったらしい。こんなときのために、以前シリア人のオマルさんにアラビア語を習っていたのだが、まったくもって役に立たない。教え方が悪かったのではなく、実践になると精神的プレッシャーでわけがわからなくなる。「ソーリーソーリー」とあわてて電話を切った。

その後無事イジー先生につながり、アポを取る。

羊皮紙の巻物を読みながら祈る男性（嘆きの壁にて）

エルサレムは壮大だ。聖書で読んだ場所がそこにある。というか今、自分がその一部となっている。ダビデ王の墓、エルサレム神殿の跡、キリストが十字架を運んで歩んだといわれるヴィア・ドロローサ、さらに十字架にかけられた場所に建てられた聖墳墓教会。

こう書くと、単なる観光じゃん、と思われるだろう。実際そうなのだが、観光地のあちこちに羊皮紙があるのだ。嘆きの壁には羊皮紙の巻物、旧市街には羊皮紙のお守り、新市街には、羊皮紙で作られたアート作品の数々。一般の観光客なら普通の紙だと思いスルーしてしまうだろう。でも風呂場で鍛えた感覚で、羊皮紙となるとすぐさま察知できる。エルサレムの街は、羊皮紙ワンダーランドだ。

扉を開けたらパラダイス！　禁断の羊皮紙ショップ

無事イジー先生と会い、アトリエでヘブライ書道の手ほどきを受けた後、車でエルサレム旧市街の中でも「ガチ」なユダヤ教徒「超正統派」の人たちが集結する一角「メア・シェアリーム」地区に連れて行ってもらった。

メア・シェアリームに近づくにつれ、車窓からの風景がモノトーンになる。超正統派のユダヤ教徒は白いシャツに黒いスーツと黒い帽子といういで立ちなのだ。

人通りの多い中心部を通り越し、イジー先生は少し寂し気なアパートの前で車を停めた。

物腰柔らかなイジー先生は、柔和な表情で車を降り、地味な白い扉を開ける。中に入ると、そこはパラダイス中のパラダイス。羊皮紙専門ショップであった。自力で問い合わせたときには無碍に断られた禁断の場所。ユダヤ教徒かつお店の常連でもあるイジー先生の顔パスだ。

イジー先生（右）

意外にも広い室内に大きなテーブルが五台と、正面の壁一面に作りつけの棚がある。棚には巻いた羊皮紙がずらりと並べられており、テーブルにもロール状の羊皮紙や、広げて動物の形が顕わになっている羊皮紙が所狭しと置いてある。棚の前には横長のカウンターがあり、六〇歳くらいの白髪、白ひげの店長らしき人物と、三〇代半ばであろう厳めしい男性店員が羊皮紙を巻物の規定サイズにカットしている。脇には、彼の息子と思われる小学校低学年くらいの男の子が羊皮紙を引っ掛けるための木製の台に乗って暇をつぶしていた。テーブルではシルクハットの男性客が、旧約聖書「エステル記」を筆写するために長方形にカットされた羊皮紙を何枚も無造作に広げ、表面の傷や汚れを入念にチェックしている。

羊皮紙を巻物サイズにカットするために折り目をつける店員さん（後ろは羊皮紙の棚）

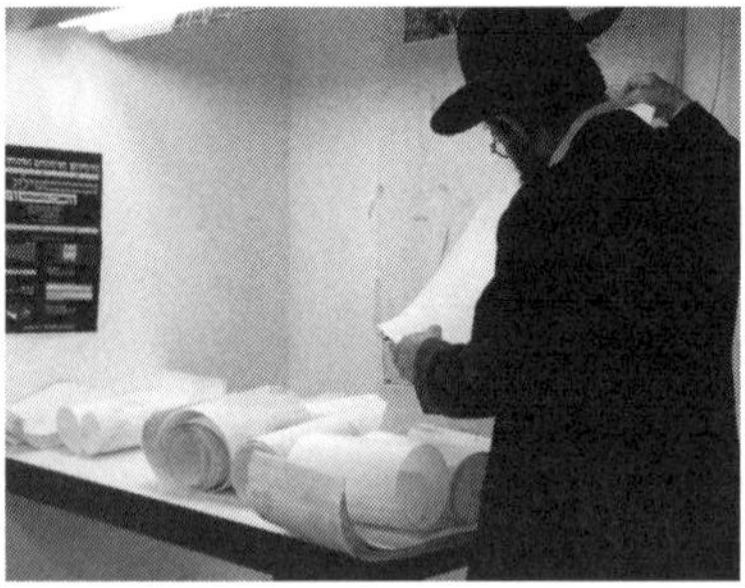
真剣に羊皮紙を選ぶ紳士

　中世イタリアの彩飾写本に、当時の羊皮紙屋の様子が描かれているのだが、まさに同じような様子である。な、なに時代なんだろうこの光景は。

ユダヤ教の聖典には、一般

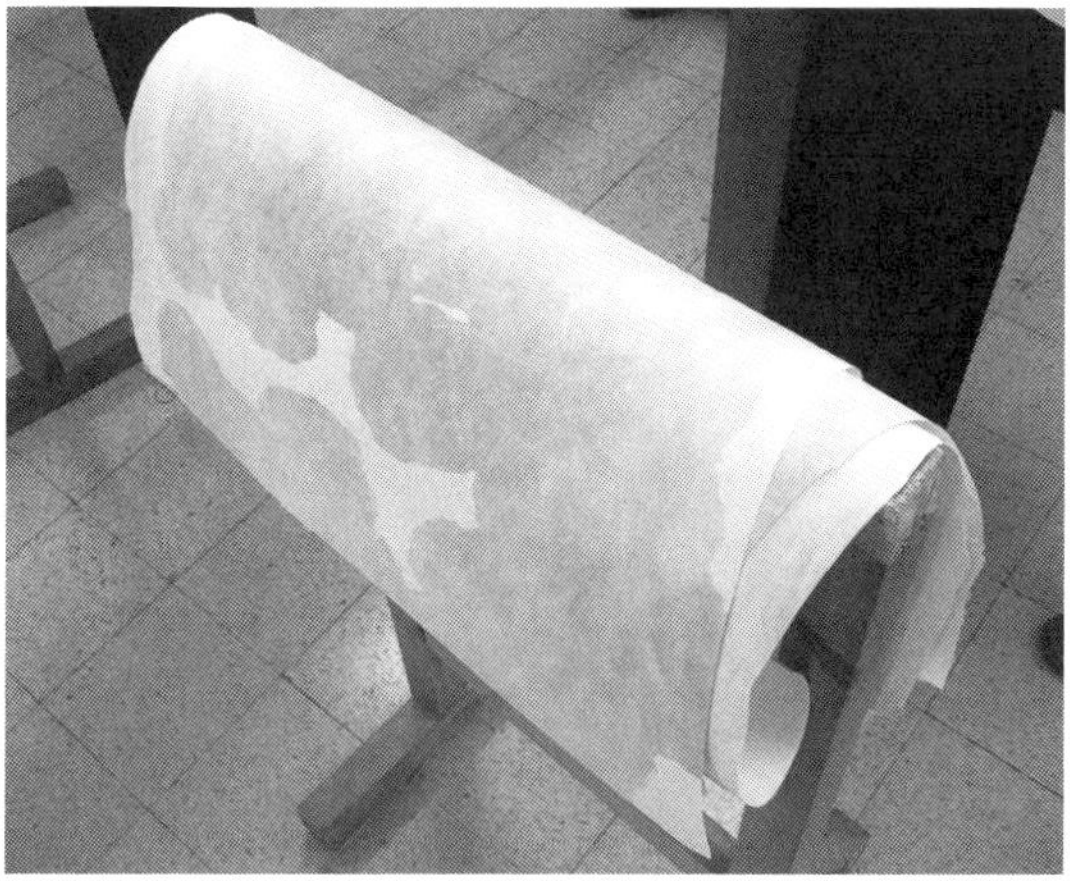
毛の模様が付いている仔牛皮

的に仔牛皮が使われる。店には大きく厚手のものもあれば、小さくて薄いものまでそろっている。仔牛の種類、死亡年齢、個体の特性など一頭一頭違うため、一枚として同じ大きさ、形のものはない。また、すべて巻物として片面のみ筆写に使用されるため、もともと動物の身体の内側であった面（肉側）は筆写用に真っ白に処理してあるが、毛が生えていた面（毛側）はほとんど処理されていない。ホルスタインのような斑点や、褐色の皮膚の色がそのまま残っているのだ。

ちなみに、ヨーロッパの羊皮紙は冊子形式の写本用に作られるため、ほとんどが両面を白く処理してあり、どちらが毛側か肉側かわからない場合が多い。ページをめくったときの色の違いを極力抑えるためであろう。

ユダヤ教の羊皮紙は、毛側がほぼそのまま残っているため耐久性もある。毛側はつまり皮膚の一番外側だ。外部からの汚れや傷から守るために必然的に毛側のほうが肉側よりも強いコラーゲン線維でできているのだ。より細く、密に絡みあった線維には、エラスチンと呼ばれる弾性線維が含まれている。

ユダヤ教の会堂で何度も巻いたり開いたりする巻物にとって、毛側の強い線維を残すことは聖典の保護という意味で大切なのである。

私も目の色を変えて一心不乱に品定めをする。

薄く、手触りもよく、肉側は穢れのない白。そして毛側はその動物の模様や皮膚のシワなどの個性が残りつつプリントのような平滑さに磨き上げられている。美しい！　美しすぎる。まさにアート作品のよう。幸せすぎる。周りのユダヤ人からは、「な、何モノなんだろう、このアジア人は」という好奇の目で見られていたことだろう。

羽ペンとインクもあるではないか。もう金銭感覚は飛んでいる。宝のような羊皮紙と筆記具を大量購入する。辮髪《べんぱつ》のいかつい店員が言う「クレジットカードのお支払いでよろしかったでしょうか」。羊皮紙はカード払いＯＫ。時代感覚もわからなくなった。

後日、イジー先生から「もう一軒別の羊皮紙ショップがあるから、ぼくは行けないけど場所教えるので行って来たら？」と、またもや素敵な提案があった。住所と地図を描いてくれたので、タクシーを拾って単独でメア・シェアリームへ。今度のお店は上級編だ。アパートの一階にある白く重い扉を開けると暗い廊下が続いている。まるで地下組織のアジトのよう。二つ目の扉を開けると、またもやここもパラダイス。しかも一軒目よりも広い。

パラダイスを満喫していると、若く眼光鋭い店員がいぶかし気にこちらを見て呟く。

「何してるんだ？」

威圧感に満ちた声色におののきつつ、「ちょっと見てるだけです」と当たり障りのない返事をする。ついでに、「写真って撮ってもいいですか？」と聞いてみる。すると、店員はいきなり敵意をむき出しに「アー・ユー・ジャーナリスト⁉」と声を張り上げる。なんなんだこの展開は？　一気に心臓がバクバクする。

「いや、そ、そういうわけじゃなく、実はあの、よ、羊皮紙が、好きなんです……」と絞り出す。なんだか愛の告白のようになってしまった。どうもユダヤ教徒でないと徹底的に疑われるらしい。

すると、大柄なユダヤ紳士がお店に入ってきた。「シャローム」（こんにちは）と笑顔で挨拶をしてくれる。どうもこちらを認識してくれているようだ。

この方、ヤコブさんといってこのお店の店長さん。一軒目のショップを訪れた後に偶然街角ですれ違ったときに、イジー先生が「日本から来た羊皮紙好き」として私のことを紹介してくれていたのだ。ここのお店の方だとは知らなかった。

完全に流れが変わった。ヤコブさんは「いらっしゃい。写真、どうぞご自由に～」とおおらかに対応してくれる。堰を切ったように皆さん優しくなり、お店にいたくまモンのように大きなユダヤ教徒のお客さんも、「私、何年か前に熊本に住んでまして、いや～いい所ですね」と気さくに話しかけてくれる。足の不自由な別のお客さんの車イスを押していた男性は、「私、フィリピンからこっちに稼ぎに来てるんだけど、同じアジア人に会えてうれしいっすよ」と超友好的だ。

結局そのお店でも羊皮紙数枚と羽ペンを購入した。

それにしてもイジー先生の仲介がないと、これほどまでに風当たりが厳しくなるもんだということを痛感した。イジー先生さまさまである。

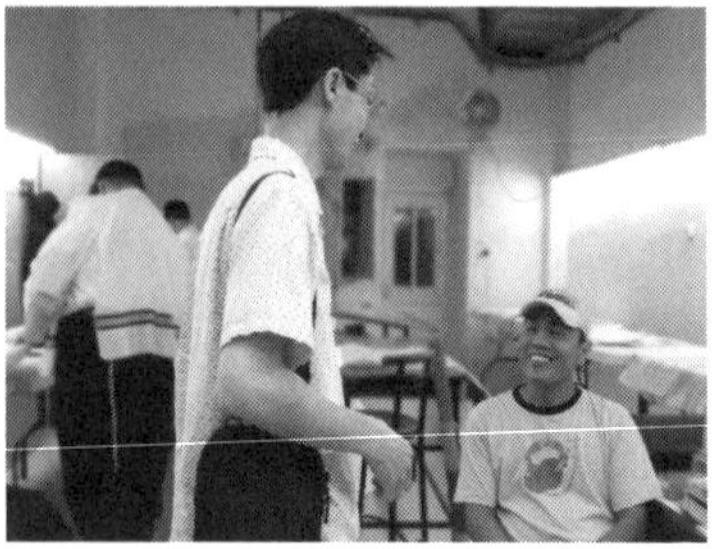

フィリピンの方と談笑　左が「くまモン」さん

羊皮紙工場潜入

そんな偉大なるイジー大先生が、さらにとっておきのサプライズを用意してくれていた。なんと一軒目の羊皮紙ショップの店長と交渉して、羊皮紙工場の見学許可を取り付けてくれていたのだ。

エルサレムから車で三〇分ほど走ると、ベト・シェメシュというのどかな町がある。旧約聖書「ヨシュア記」にもその名が登場するところだ。そこにある小さな共同体に、先日訪れた一軒目の羊皮紙ショップ「クラフ・バック」の工場がある。例のごとく看板も何もないため、自力でフラッと訪れることはほぼ不可能だ。

イジー先生に連れられて敷地に入ると、ショップでお会いした店長がいらっしゃる。ツヴィ・バックさんという方で、どうもここの工場長も務めているらしい。工場長自ら丁寧に工程を一つひとつ説明してくださる。

製造工程は大まかに四つに分かれており、各工程に一人の職人が作業に当たっている。職人の頭には、ユダヤ教徒の証である「キッパ」という帽子が載っている。ユダヤ教の聖典に使われる羊皮紙は、「ユダヤ教徒が作らなければならない」という規程があるため、重要なポイントだ。

右側の白い「箱」が羊皮紙工場　絶対気付かない

この工場で使っているのは仔牛皮。しかもイスラエルのものではなく、わざわざアメリカのウィスコンシン州ミルウォーキーから取り寄せているとのこと。イスラエルでは輸入しないと間に合わないくらい羊皮紙の需要があるのだろうか。羊皮紙を作るところと、その動物が育てられているところは必ずしも一致しないことがわかって面白い。

仔牛の原皮を脱毛するのだが、ここでは石灰ではなくなんと苛性ソーダを使って毛を溶かしているとのこと。作業中に肌にしぶきが跳ねるだけでもキケンだ。極力人間が近づかないでもいいようにという目的なのか、はたまた単なる効率化のためなのか、水槽にはタイマー式の羽根付き回転ローラーが付いており、一定の時間間隔で「グワィ〜ン」と作動して全体を攪拌する。

脱毛ならぬ「溶毛」をした後の皮は、「自動肉削ぎマシン」に通される。皮を平らにセットすると、ウワィーンと機械がうなりを上げて、ものの数秒で裏表がきれいになるのだ。自然と

原料の仔牛皮　ミルウォーキー産

毛を溶かすための水槽　ローラーが回って攪拌

口があんぐり開く。風呂場であんなに苦労してるのに……。

キレイになった皮は次工程に進む前に三か月から半年干して乾燥させる。へ～これは初耳！　うちの風呂場では乾燥期間なんて取ったことはなかった。通常の羊皮紙は三か月で、トーラー用の羊皮紙は六か月乾燥させるとのこと。工場長に「なんでですか？」と質問してみたところ、「ふふふ……ワインのように熟成させるんだよ」とのご回答。その場では「なぁーるほどです

肉削ぎマシンにかけると一瞬できれいになる

ワインや生ハムのように皮をじっくり熟成させる

ね～」とわかったつもりで反応してみたものの……ん？　正直よくわからない。皮って熟成するのかな～。生ハムみたいなものなのか？　とにかく、工程を早めずに、よく自然乾燥させて、じっくりと寝かせておくことで品質がよくなるらしい。風呂場で「はやく乾け～！」と扇風機を回すのはタブーだったのかな？

じっくり乾燥させた皮を、一晩水に浸けて柔らかく戻した後、木枠に張って半月刀での削り作業となる。ここはマシンではなく人力だ。オランダのサイトにあった中世のレシピでは「乾

半月刀でガシガシ削る

削り粉が積もった天井にある落書き

電動グラインダーで研磨　削り粉が舞い散る

燥した皮」を削るとあったが、イスラエルでは湿った状態で削っている。前工程の肉削ぎマシンでかなりキレイになっているので、ここでは細かい不純物を削り取る作業なのだろう。かなりの力を入れて、随分と攻撃的にガシガシ削っている。小学校時代にドッヂボールで逃げ専門だった自分には、このアグレッシブさが必要だ。見習おう。

乾燥させた後は、研磨室に移動。研磨室はまるで冷凍庫内の霜のように、床・天井・壁すべてが皮の削り粉で真っ白だ。低い天井にこんもり積もった粉に、指で落書きもしてある。わかるわ〜この気持ち。

研磨作業は電動グラインダー。これは私も家で試してみたが、手でサンドペーパーをかけるよりも断然効率がよい。ただし尋常じゃない量の粉が舞い散る。作業者はマスクをしているものの、いわゆる「鼻マスク」スタイル。この環境でダメでしょそれは。「マスク信仰」とかではなく、間違いなく肺に悪いと思う。

ユダヤ教の羊皮紙づくりの規程では、「トーラー用の羊皮紙を作るときには『トーラー用の羊皮紙を作るんだ』という明確な意思を持って作る」とされているのだが、本当にそう思っているかどうかなんて、一体どうやって確認するのだろう。

その疑問は、工場見学で解消した。まずは物理的な区別。トーラー用の羊皮紙にする原皮には、特別な青いリボンが付けられていた。つまり、原料の段階できちんと区別されているというのがひとつ。もうひとつは、壁にA4サイズの貼り紙がしてある。そこに書いてあるのは、「工場長がトーラー用の羊皮紙を作ると宣言済」というメッセージ。この代表者一括宣言、なかなか効率的ではないか。いちいち職人の思考まで統制しなくてもよくなる。

最後に、イタリア製の羊皮紙ポリッシャーに完成した羊皮紙を入れると、サーという滑らかな機械音とともに羊皮紙が吸い込まれ、適度に磨かれて吐き出される。なるほど、だからこの

イタリア製ポリッシャーで研磨仕上げ（この方が工場長）

前見た羊皮紙はあんなに滑らかだったんだ！　またもや知ってしまった……こんなにマニアックな機械がこの世に存在するなんて！　工場長に伺うと、レザーの仕上げ用マシンを羊皮紙用に改造して使っているとのこと。

いやー、お腹一杯の工場ツアーだった。さすが羊皮紙需要世界一の国。ユダヤ教の厳格な規定を守りつつ、薬品や機械で効率的かつ大量に高品質羊皮紙を世に送り出してゆく。決して真似はできないが、現代において羊皮紙が産業として生きていることを実感する貴重な体験だった。

死海文書と対面

古代の羊皮紙と言って多くの人が思い浮かべるのは「死海文書」ではないだろうか。死海のほとりにあるクムランの洞窟で、一九四七年にひつじ飼いの青年が古い羊皮紙の巻物を偶然発見した。それを皮切りに、他の洞窟からも次々と一世紀頃に作られた古代ユダヤの巻物が発見されたという。それら死海文書のコレクションが、イスラエル博物館の「シュライン・オブ・ザ・ブック」（聖書の神殿）と称される「死海文書館」に収められている。

死海文書館は、死海文書のためだけに特別に作られたタマネギ形の展示施設だ。パッと見、

タマネギのような「死海文書館」

地下鉄の排気口などの施設にも見えなくもない。案外地味だ。でもその中には人類の至宝が眠っている。

中は薄暗く、イスラエルの厳しい日差しとのギャップで目が慣れない。最初の部屋は薄暗いクムランの洞窟を再現した展示室になっており、死海文書発見当時にタイムスリップしたようだ。死海文書が収められていた壺などが展示してあり、否が応でも期待感があおられる。

その展示室を抜けると、パーッと視界が開ける。

広い円形の展示室の中央に鎮座するのは、トーラーの巻物の持ち手をモチーフにした展示ケース。それをグルッと取り囲むように、最も完全な状態で発見された旧約聖書「イザヤ書」の羊皮紙巻物が展示されている。

死海文書（撮影禁止だったのでこれは自作レプリカ　普通紙に印刷して加工）

おお〜！　死海文書だー、おおー！

　この展示のしかたは秀逸だ。文書自体は小さく、装飾もないので質素だが、歴史的な価値は途方もない。展示室全体を使ってその偉大なる文化遺産を盛り立てている。

　いつかはその姿を拝みたいと願った死海文書が目の前に。ピーンと張りつめた展示室の神聖な沈黙の中で、しばしその雄姿を眺め続ける。

　周りにも死海文書の断片が数多く展示されている。驚くことに、その大部分が茶色か黒なのだ。これは、黒い動物を使っているとかそういうわけではない。

　それには、どうもユダヤ教における羊皮紙の作り方が大きく影響しているようだ。死海文書の羊皮紙を一九六〇年代に研究した羊皮紙界の大家ロナルド・リード博士は、羊皮紙表面にタンニンが塗布されていることを突き止めた。タンニンとはワインなどに入っている渋み成分で、生皮を浸け込んでおくとレザーになる。つまり「なめし液」だ。では死海文書は羊皮紙ではなくレザーなのかというと、そうでもないからややこしい。タンニンでレザー化しているのは極表面のみで、断面の中心部分にはタンニンが染み込んでおらず、そこは羊皮紙と同じなのだ。ぐぁー、ややこしー!

どうも、普通に羊皮紙を作って、文字を書きやすくするために表面を整える目的でタンニンコーティングした、という説が有力らしい。そのタンニンが経年変色して、死海文書の多くが黒化しているようだ。タンニンコーティングがなされていない、または最小限に留められているものは、二〇〇〇年を経た今でもクリーム色で、書かれた文字が鮮明に読める。今真っ黒になってしまった状態のものを見ると、「なんとまあ当時の羊皮紙職人さんよぉ、余計なことを」と思うわけだが、やはりそこは気候の関係やらいろいろあって、当時はそれが最適な処理だったのだろう。とはいえ、二〇〇〇年間も形を留めているのは、控え目に言っても奇跡的だ。

偉大すぎる先輩方の作った作品を目に焼き付けておこう。自分の作る羊皮紙も、二〇〇〇年後残るように、そして二〇〇〇年後の人々の前で恥ずることのない姿であるように。

バーレーン　コーランの館

　イスラエル訪問の興奮冷めやらぬまま、帰国してまもなく中東バーレーンに向かうことにした。

　バーレーンは、サウジアラビアとカタールに挟まれる形でペルシャ湾に浮いている奄美大島ほどの大きさの島国だ。なぜバーレーンかというと、ここにはイスラム初期から現代にわたる世界第一級のコーランコレクションを誇る博物館「ベイト・アル・クルアーン」、日本語にすると「コーランの館《やかた》」があるから。アラビア書道を習っていたときに『図説 コーランの世界 写本の歴史と美のすべて』（大川玲子著、河出書房新社、二〇〇五年）という本を読み、ぜひいつかそこに掲載されているコーランの館の美しい羊皮紙写本をこの目で見たいと思っていた。

　行くからには、ただ展示を見るだけでなく学芸員の方に羊皮紙について伺いたい。あわよくば触らせてくれないだろうか。さすがに現地でいきなりは無理だろうから、事前にメールを出した。しばらくして、館長さんから返信をいただき、嬉々としてメッセージを読むと……

「いらっしゃる予定の八月は全館メンテナンスのため閉館となっております」

最悪だ。もう飛行機もとってあるのに。

　読み進めると……

「とはいえ、わざわざ日本からいらっしゃるとのことで、特別に中をご覧いただけるようにいたします。気を付けていらしてください」

なんという粋なはからい。コーランには「旅人に親切であれ」（四章三六節）という教えがあるが、まさにそれを体現しているではないか。

二〇〇八年八月一四日、ドバイ経由で首都マナマに到着。これから四日間の滞在となる。中東とはいえど、さすが島国。日本に負けず劣らず蒸し暑い。湿気が体にまとわりつく。砂漠でも車から出ると、眼鏡が湿気で真っ白に曇るくらい。

マナマ中心部に堂々と鎮座する白亜の建物がコーランの館だ。博物館の中に足を踏み入れると、冷房が利いた爽やかな空間が広がる。ほどなく館長が羊皮紙文書修復担当職員三名を引き連れて出迎えてくださった。

「ようこそコーランの館へ」

館長にこの日のために作った自作羊皮紙の名刺をお渡しする。すると、館長はまじまじと名刺を眺めては触り、「ハイクオリティ・パーチメント」（上質な羊皮紙ですね）とおっしゃってくださった。数々の羊皮紙コーランを所蔵する博物館の館長を務める「違いのわかる男」の口から最上の誉め言葉をいただき、今にも昇天してしまいそうな高揚感を抱いた。

館長は続ける。

「羊皮紙の専門家でいらっしゃると」

ただ、私はまだ専門家と言えるほど経験もないので、日本式の謙遜ではなく正直に「いや、専門家というわけでもないです」と返事をした。日本だと、「いやいや、何をおっしゃいますか」と流してくれそうなものだが、アラブ文化は違うのだろうか。館長の顔が明らかに曇り、しばし沈黙が支配した。

せっかく開けてやったのに、と残念な気持ちにさせていないだろうか。ここは自信満々に「羊皮紙専門家」としておくべきだったのだろうか。真意は測りかねるが、コーランの館にまで来て嘘はつけない。自分は学びの途中なのだ。

館長さんは入口の展示を少し紹介してくださってから、修復担当の三名に「後は任せた」と言わんばかりに立ち去った。館長さんの気を悪くさせていないか妙に気になる。

写本展示室に入ると、羊皮紙コーランがずらり。館長さんへの返答に対するモヤモヤ感も吹き飛び、興奮状態に陥った。七世紀から一〇世紀までにわたるイラク、ア

白亜の殿堂「コーランの館」

ラビア半島、北アフリカの写本が展示されている。シリアで見たショボいコーランとは大違い！……なのだが、待てよ、よく見ると実際はダマスカスの写本とさほど変わらない。この違いはなんだろう。展示の仕方だ。ダマスカスでは壁に画鋲で貼り付けて、乾燥でカールしていたが、バーレーンではしっかりした展示ケースに上品な土台を設け、その上にうやうやしくコーランが鎮座している。しかも湿度管理もバッチリ。展示ケースの底面には除湿剤が敷き詰められており、湿度五五～六〇％に保たれているのだ。ピシッとした平面を保っており、全体的に映えるのだ。それが一枚だけでなく展示室全体に広がっているから壮観である。

シリアではペラッと一枚だけだったが、コーランの館ではほとんどが冊子状になっており、見開きで展示されている。なるほどこう見ると実際に「本」なんだということがわかりやすい。

写本展示室にある羊皮紙のコーラン（イラク、9世紀頃）

修復責任者のムハンマドさんが、羊皮紙コーランの修復について丁寧に説明してくれる。

「いやー、今こうやって立派に展示してありますけどね、見つかったときにはどれもボールみたいにクッチャクチャになっていたんですよ。そんな状態の羊皮紙に水とアルコールを混ぜた液体を細かい霧にして吹きかけるんです。すこーしずつ湿らせながら、ゆっくーり伸ばしていく、そんな地味ーな作業なんです。最終的にガラス板に挟んで平らな状態に固定します」

へえ〜、羊皮紙の修復については全くもって知らなかった。でも乾燥した皮を湿らせて伸ばして平らにするっていうのは、羊皮紙づくりのデリケート版とでも言えようか。

ムハンマドさんはさらにいろいろと教えてくれる。

「ほら、ここ見てください。少し色が違う丸いところがあるでしょ？　ここね、穴が空いてたんですよ。こういうところには、現代の羊皮紙を穴の形に合わせて丸くカットして使っています。ただ、切ればいいというものではなく、カットした羊皮紙の断面をナイフで斜めにスライスしたりして、写本の穴にピッタリとはまるように細工するんです。昔はどこに穴があったかわからないようにオリジナルの色に合わせて新しい羊皮紙を染色したりしていましたが、今では修復方針も変わって染色はしていません。接着にはＰＶＡグルー（木工用ボンド）を使っています」

ちなみに、どこから修復用の羊皮紙を取り寄せているのかと伺うと、「パキスタンからです」と。なんとパキスタンでも羊皮紙が作られているのか。この情報は収穫だった。ムハンマドさんによると、現在はアラブ地域で羊皮紙を製造している所はないそうだ。

コーランの館の見学が終わり、ムハンマドさんに「見事な修復ですね」と感想を伝えた。


「何事も経験ですよ、経験」


修復歴一九年のベテランだ。ここでの修復は機械を使わずすべて手作業で根気よく行うとのこと。感嘆のひとことである。

ここで、ムハンマドさんが「いや全然ダメ。まだまだ」と答えたらどうだろう。せっかく褒めたのに自分の感覚が否定されたモヤモヤ感で、会話が途切れてしまったと思う。最初の館長さんとのやりとりで、全否定してしまったことに申し訳なさがこみあげてきた（やっぱり引きずってる）。

まだ経験も浅く学び途中なのは事実だ。でも「羊皮紙専門家」として自信を持って自己紹介できるよう研鑽を積もうと心に誓った。

バーレーン国立博物館

コーランの館のすぐそばに、バーレーン国立博物館がある。写本の展示室が設けられており、そこに「アラビア語写本の羊皮紙の使用について」という説明パネルがあった。ちょうど知りたかった情報だ。ただ説明書きには突っ込みどころが多々あるぞ？

「羊皮紙とは、文字が書きやすいように皮を柔らかくなめしたものである」

それってレザーのことじゃないかな？　羊皮紙って結構硬いし。そもそも、柔らかくしても書きやすくはならないのでは？

「羊皮紙と紙は、一〇世紀頃まで使われた」

羊皮紙はわかるけど、紙は今でも使っているし……。ひょっとしてパピルスのことかな？アラブ世界では一〇世紀くらいまで実際にパピルスが使われていたみたいだし。

博物館の説明にツッコミを入れられるのなら、「専門家です」と言ってよかったのだろうか。

とはいえ、羊皮紙がどこで作られていたかという情報は他では得られない貴重なものだ。説明によると、アラビア地域では七世紀頃から主にイエメンのサナア、サダ、サウジアラビアのナジュラン、タイフというアラビア半島の南西地域が羊皮紙製造の拠点で、後にイラクのクーファで高品質のものが作られるようになり、一〇世紀まで続いたとのこと。

「高品質」って何だろう。本づくりの観点から考えると、やはり「書きやすい」ということだろうか。確かにコーランの館で見た羊皮紙には、表面を布で磨いたような抑え気味のツヤがあるものが多かった。国立博物館でも、コーラン筆写用の紙を磨くための滑らかな石が展示してある。そういえば、数年前に習っていたアラビア書道では、表面がツルツルにコーティングしてある「アート紙」という紙を先生の指定で使っていた。表面が平滑でないと、ペンが滑らずに引っ掛かるからだ。流れるような線が特徴のアラビア文字には、滑らかな表面がカギになるのだろう。

ということは……大昔に初めて羊皮紙を使って、慈悲なき評価を受けたあのアラビア書道作品……。あれ自分の腕が悪かったわけではなく、羊皮紙の表面をツルツルに磨いてなかったからダメだったんだ！　多分に自己正当化のバイアスがかかっているとは思うが、用途に合った表面処理がいかに重要かを改めて再認識した。

旅から戻って――検証・挫折・再起

仔牛、山羊、鹿の皮だめし

さて、日本における「羊皮紙製造の中心地」、風呂場に戻る。

イスラエルで実際の製造現場を見られたことは大きな収穫であった。ただ、やはり向こうでは大規模マーケットに対応するため化学薬品を使ったり大型の機械を使ったりしており、さすがにアパート住まいの個人では真似できない。しかもやはり、自分としては「中世と同じ方法で作った」羊皮紙にこだわりたい。

今までは道具や工程に注目してきたが、原料である皮は北海道からのひつじ皮一択だった。イスラエルで使っていた動物は仔牛だ。元となる動物によって、どんな違いがあるのだろうか。(表「動物の原皮比較」参照)

まずは異なる動物種。仔牛、山羊、鹿の生皮を手に入れ試してみる。かつてノイローゼになりそうなほど生皮の入手に苦労したが、やはり探せば見つかるものだ。仔牛と山羊は、たまたま地方に住まわれている知り合いが、地元で採れた皮を分けてくださった。鹿皮は、メガネ拭

動物の原皮比較

動物	脂	硬さ	入手しやすさ	羊皮紙の作りやすさ
ひつじ	多	柔	容易（牧場から入手可）	脂の処理が大変だが、薄くしやすい
山羊	少	中	難（日本では山羊食が少ないため皮が出ない）	脂が少ないため処理がしやすく、表面の風合いも生かせる
仔牛	極少	硬	難（レザー産業に流れるため個人入手は難しい）	脂が少ないため表面の風合いを生かせるが、硬いので薄くするのが大変
鹿	極少	硬	中（害獣駆除の猟師にコネがあれば入手可）	

きに使うスエード革を作っているメーカーに問い合わせたところ特例として生皮を売ってくださった。

この三種、ひつじであれほど悩んでいた脂問題がまったくといっていいほどないのだ。つまり、脂の除去に欠かせない表皮剥ぎをしなくてもよい！　なんと理想的な皮なんだ！　しかも表皮剥ぎをしなくてよいため、毛側の表情がそのまま活かせる利点もある。どうりでイスラエルの羊皮紙は毛側があんなに美しいわけだ。

難点としては、三種ともひつじよりも硬く、しかも表皮剥ぎをしないので薄くするための削りが大変だ。下手すると「紙」ではなく「板」のようになってしまう。そして決定的なのは、入手経路がないことだ。今回は実験のため知り合いから皮をゆずってもらったのだが、定期定量的に仕入れられるかというとその保証がない。

脂の少なさは大いに魅力的なのだが、やはり供給量的にひつじ一本に絞らざるを得ない。

では、ひつじの種類で違いはあるのだろうか。

北海道から、さまざまな品種のひつじを送っていただいた。ほとんどが純粋種ではなく交配種、わかりやすい言葉で言うと、雑種である。なぜ純粋種が少ないかと言うと、異なる品種を交配させることにより、成長が早くなったり病気に強くなったりするからだそう。

入手した主な品種は、サウスダウン、ロマノフ、コリデール、ジェイコブ、サフォークだ。また、同じ品種でも毛の色が異なる皮も取り寄せた。

褐色の毛のひつじの多くは地肌も色付きで、表皮剥ぎの際に脂を掻き出すと、黒い粒のようなものも脂に交じって流れ出す。これが皮の色素なのだろうか。色素っぽいものを出した後の皮は、白い毛の品種とそれほど変わらない淡い色になるのも発見だ。一方、毛の色が濃い個体でも、地肌はもとから白というケースもある。品種によるのか交配比率によるのかは専門外となるのでわからないが、必ずしも毛の色だけでそのひつじからできる羊皮紙の色は単純に想像できないようだ。

品種による羊皮紙の作りやすさや、羊皮紙としての品質の違いは、実験の範囲ではほとんど感じられなかった。それぞれの品種でそこまで数をこなしていないためパターン化もできない。品種よりも明らかに差があったのは、ひつじの年齢である。ちなみに牧場では年単位ではなく月単位の「月齢」でカウントするらしい。

単に「ひつじ皮」といっても、牧場の出荷カテゴリーとして基本的に四つに分かれる。

ひつじの成長カテゴリー

カテゴリー	生後	おおよそのサイズ（cm）	長所	短所
ミルクラム	1～2か月	40×60	薄い・脂少ない	小さい
ラム	3～11か月	ミルクラムとマトンの間		
ホゲット	12～24か月			
マトン	24か月～	90×130	大きい	厚い・脂多い

ミルクラム（生後一～二か月）、ラム（三～一一か月）、ホゲット（一二～二四か月）、マトン（二四か月超）という分類だ（表「ひつじの成長カテゴリー」参照）。

ミルクラムは四〇×六〇センチ程度で、月齢が上がるにつれてサイズも上がり、ホゲットの段階で六〇×一〇〇センチ程度にもなる（ただし品種や個体によって大幅に異なる）。サイズが大きくなると当然出来上がりの羊皮紙面積も広くなるため、そこから採れる用紙の数も増える。ただ、月齢が上がるにつれて皮自体が厚くなるのと、蓄積している脂肪量が多くなるのが難点だ。

その点、ミルクラムはまだ生まれたばかりで皮も薄い。脂肪量もほとんどないため、めんどうな表皮剥ぎをする必要がない。表皮剥ぎ作業につきものの削りムラもなく、かつ脂ギッシュになることもないため、ミルクラムで羊皮紙を作ると、「自分は中世に生まれるべきだった」と思えるほどキレイに仕上がる。羊皮紙の作りやすさはピカイチだ。ひつじ皮でありながら、毛側の表情を活かせることも利点のひとつ。ただし、ミルクラムは牧場側でもムートンの製造原料として使用するため、供給量には限りがある。月齢が高くても、鮮度がよければ作業がしやすい。新鮮な状態だと、表皮を剥ぐ際に滑らかにズル剥けしてくれる場合が多い。屠畜後数か月寝かせておくと、層間の線維が癒着してしまい、ガリガリ削ってもなかなか表皮が剥がれてくれない。マトンなど脂が多く、表皮を剥ぐ必要がある場合は、鮮度がものをいう。

では、イスラエルの羊皮紙工場で数か月寝かせて「ワインのように、よ〜く熟成させるんだよ」というのは矛盾ではないだろうか。これは、仔牛を使っているということと関係があるのではないだろうか。そもそも、仔牛皮には皮脂層がないので、表皮を剥ぐ必要性はない。層間の線維癒着が緩い状態で毛側を削ると、望んでいないのに表皮がズル剥けしてしまうことがある。部分的に剥けてしまうと、仕上がりがとっても汚いのだ。イスラエルではその現象を防ぐために、数か月間乾燥させせて線維の癒着を促し、耐久性を持たせているのだろう。

一口に「羊皮紙づくり」と言っても、原料となる皮の状態が動物・品種・月齢・鮮度などによって異なるため、「こうすれば絶対にうまくいく」という画一的な方法はなさそうだ。あえて秘訣を挙げるなら「ひつじの声を聴く」とでも言おうか。手元にある皮の特徴と状態をよく理解し、それに合った方法で加工することに帰結する。ムハンマドさんがおっしゃるように「何事も経験」を積むことが、一番の近道なのだろう。

大学教授を風呂場にお迎え

海外の羊皮紙関連施設では、どこも突然の訪問を大変快く引き受けてくださり、感謝でいっぱいである。やはり実践の場を生で見ると理解度がまるで違う。

ある日、次のようなお問い合わせメールをいただいた。

羊皮紙工房さま

ホームページの内容を見て、メールを書いております。ヨーロッパ中世・近代史に関心があり、写本・揺籃《ようらん》期本・活字印刷本の変遷史などにも興味があります。そこでお尋ねですが、もし可能であれば羊皮紙を何枚か分けていただくことはできないでしょうか。また、工房を見学させていただけるようでしたら幸甚です。

青山学院大学　武内信一

大学の先生からだ。工房訪問に興味を持っていただいてうれしい。だが、中世を彷彿とさせる石造りの工房を想定していると思われる大学教授の先生を、風呂場に招いてよいものだろうか。「こんなはずじゃなかった」と思われないために、保険をかけて返信をする。

工房ご訪問の件歓迎いたします（工房と言っても、普通の家の風呂場ですが）。ちょうど今何枚か皮を石灰液に浸けていますので、おいでになるときに少し製造体験でもしていただけるように工程を調整します。

「風呂場」というキラーワードにひるまず、来ていただけることになった。

当日、青山学院大学文学部教授の武内信一先生を風呂場にお連れした。初対面の男性二人が、風呂場に入って脱毛する……。言葉にするとなかなかシュールだ。先生はイギリス文学のご専門。イギリスにある名だたる羊皮紙メーカー、ウィリアム・カウリーの工場見学にも行ったことがあるそうだ。私のほうがいろいろと教えていただいた。お話を聞くと私の母校である大学の大先輩だということがわかり、さらに話に花が咲いた。

後日、青山学院大学の学内だよりに今回の羊皮紙づくりレポートをお書きになったとのこと。先生にとっても有意義な体験だったようでホッと胸をなでおろした。私が撮影した、風呂場で羊皮紙を作る武内先生の写真もデカデカと載っている。自宅の風呂場が青山学院大学の学生と教員の皆様に大公開されてしまった気恥ずかしさと、日本の未来を担う前途洋々たる若者たちの教育に多少なりとも貢献できた喜びが交差した。

本場とのギャップで撃沈

中東での工場見学やさまざまな人との出会いを通し、新たに学んだこともちろん多いが、基本的に自分が今までやってきた方法でいいんだという確信が深まった。

ウェブサイト「羊皮紙工房」では特に羊皮紙販売を謳っていないにもかかわらず、羊皮紙の注文もそれなりに入るようになった。海外研修と各種検証でパワーアップした羊皮紙づくりの技を見よ！

とはいえ、会社を辞めてまで羊皮紙づくりに専念はできない。その辺りも車の運転と同じく慎重派なのだ。そもそも日本において羊皮紙だけで生活できるだろうか。昼間は会社勤めで、羊皮紙づくりは夜と週末に行った。出勤前に石灰液をかき混ぜ、帰宅したら真っ先にまたかき混ぜる。

注文が増えるのは純粋にうれしい。自分の学びが誰かの役に立つことが実感できるからだ。しかし、来る日も来る日も風呂場でひつじと付き合うのは、じわりじわりとキツくなってくる。「おつかれさまでしたー」と会社を上がり、通勤電車に揺られて帰宅してごはん。ごはんの後はゆっくりお風呂――で、ひつじの毛抜き。脱毛が終わると裏返して肉削ぎ。それが終わるとまた裏返して表皮剥ぎ。本来なら仕事終わりのリラックスタイムが、悪臭の中で毛と脂にまみれて過ぎていく。

イスラエルとバーレーンで美しい羊皮紙をたっぷり見てきた、というか見てしまった。羊皮紙づくりを始めたときは、できたことに対する喜びが大きかった。だが今は「羊皮紙とはこういうものだ」という高い基準が良くも悪くも脳裏に焼き付き、自分が作る羊皮紙の欠点ばかりが心に重くのしかかる。

厚さが不均一で削りムラもある。取り切れていない脂がそこここに滲んでいる。ここはパサつきあそこはテカテカ。肉削ぎのときに空いてしまった穴が木枠で引っ張り大穴に。

人は何かと比べてしまう生き物なのだろう。クラスの人気者と比較して落ち込む高校生のように、あるいはSNSでキラキラまぶしい赤の他人を見てどんよりするように。

徹底的な減点主義に陥った。

そして脳裏には言い訳が渦巻く。

「そもそも材料の動物が違うし。アラブの脂の少なそうな皮だったらもっといいものができるはず」

「向こうでは薬品で毛溶かしてるし、ほとんど全部機械だし。あの機械いくらするんだろう。一〇〇〇万円か……、そもそもこのアパートに置けないし」

特に、ひつじの表皮処理と脂の問題は深刻だ。手作業では、どう頑張ってもきれいに表皮が剥がれない個所が残る。そうすると、その層の下にある脂が除去しきれない。それでもかなりの時間をかけて脂を処理し、乾燥後に全身粉だらけになりながら表面をサンドペーパーで研磨する。が、翌日見るとまた脂が滲んでいる。タルクの粉をまぶして脂を吸着させてなんとか納品できる状態まで持っていく。

それでも線維の間にまだ脂が潜んでいるらしい。やっとのことで納品したものの、お客さんの家でさらに乾燥が進むと皮が収縮し、隠れていた脂がジワ〜ッと絞り出されるのだ。納品後数週間経った後に「脂が浮いてて書けません」とのメールを受け取る。納品してからもハラハラハラハラと気が休まらない。

別のケースでは、注文を受けて作っていた羊皮紙に穴が空き、木枠で皮を伸ばせば伸ばすほど広がって大穴になってしまった。数週間の作業が台無しだ。もうこうなってしまった以上、お客さんには頭を下げ、海外で自分のために購入してあった羊皮紙を代わりに送るしかない。手元のサンプルがなくなってゆく。

自分で納得できるものができないもどかしさと、楽しみにしてくれているお客さんに迷惑をかける申し訳なさときたら……。

羊皮紙づくりを初めてしたときのトキメキは、責任と不安の影に消え去っていた。

衝撃の低賃金……もうや〜めた

なんだか、どうでもよくなってきた。

日中会社のために働いて、夜も休日も人の注文に対応する毎日。誰のために？　何のために？　なんで風呂場で毛剥いでるの？　どうして腰を痛めながらウンチみたいな臭いの中で毛と脂だらけになってるんだ？　しかもそもそもこれって時給に換算したらいくらなん？

一頭分一万八〇〇〇円（送料込み）で売っていて、原価は……。

原皮八四〇〇円、牧場からの送料一五〇〇円、石灰代に水道代、サンドペーパー代。残りを、約三週間の実作業時間で割ると、チーン。

時給約五〇〇円。

何それ⁉

これだけ苦労して、これ？　普通にバイトしたほうがマシじゃん。マイナスになってないだけいいっちゃいいけど。いや、もう、いいや。や〜めた。普通の生活したい……。

決してお金のためにやっていたわけではない。そのため、原価計算もどんぶり勘定で「こだわり」優先であった。金額は海外の羊皮紙の値段を基準にしていたのだが、そもそも海外では機械生産なので手づくりだと割に合わないのだ。手間に見合う料金設定にすると、一頭四万円近くなる。しょせん「紙」なのに誰が買う？

さらには、欲しいと思ってくださる方の喜びどころか不満のタネとなるのであれば、一度休止したほうがよい。何より、もう、気持ちがもたない……。羊皮紙づくりを辞めた。

香りの効果　アロマで復活

臭いは精神を蝕む。悪臭にさらされ続けていると、慣れてはくるが、確実に心が削れてくる。羊皮紙づくりを休止したとはいえ、何をしていても気分が重く、無気力状態が続いた。

とはいえ、何もしなくては気が滅入るだけ。ちょうど近所で「海のエジプト展～海底からよみがえる古代都市アレクサンドリアの至宝～」と銘打った展覧会が開かれていた（二〇〇九年六～九月）。アレクサンドリア関連の展示だ。アレクサンドリアと言えば、羊皮紙誕生の逸話で出てきた図書館があるエジプトの街。ペルガモン側の話はよく知っているが、アレクサンドリアのことは知らない。行ってみよう。

アレクサンドリアの海から引き揚げられた巨像など見事な展示品はもちろん、趣向を凝らした展示空間にも感銘を受けた。そして、何やら箱が置いてある。

「クレオパトラの香り」

ローマ帝国期の薬理学者ディオスコリデスの処方をもとに、乳香、ワイン、ハチミツ、干しぶどうなどを使った「キフィ」といわれるエジプト伝統の香りにサフラン、バラ、スミレの花などを加えたもの。エジプト、プトレマイオス朝最後の女王クレオパトラをイメージした香水だ。その香りを実際に体験できるという。

鼻を近づけて香りをかぐ。脳に衝撃が走った。

普通の人であれば「ふ〜ん、こんな感じなんだ〜」程度のリアクションかもしれないが、悪臭の中で過ごしてきた者がいきなり名だたる女王の香りをかいだらどうなるか。脳がバグるのである。白黒の脳内風景が、その場でパーッと極彩色に彩られた。

香りの力ってすごいな。

そして求めたのは、「いい香り」。

こうして、アロマテラピーにハマった。精油の香りをかいだときに広がる世界。どんよりとした悪臭空間に慣れた鼻には異次元だった。ローズゼラニウムでふくよかな花に囲まれ、サイプレスで森のただなかに移動し、イランイランで南国へ旅し、ジュニパーベリーでスパイシーなウェルカムドリンクのような爽快感に包まれる。部屋にいながら脳内に広がる豊かな体験。ジリジリと引きずり落とされる今までの体験とは正反対であった。

そしてまた、この新分野を追究したい欲求がムクムクと現れる。植物から精油を作ってみたい。そのためにベランダでローズマリーやゼラニウムなどハーブを育てる。精油を採るには、蒸溜器が必要だ。ただ、買おうとすると数万円してしまう。そこで、羊皮紙づくりのときと同じ自作熱が再燃。東急ハンズの理科実験器具コーナーで、三角フラスコやビーカー、銅管、アルコールランプなど一式をそろえ、手作り蒸溜器を組み立てる。台所が精油工房となった。

しかし、それなりの量の精油を抽出するには、かなりの量の植物が必要となる。また、ありあわせの器具で作った蒸溜器にはそこまでの精度は見込めない。ピュアな精油ではなく、水に精油が混じったアロマウォーターを作ることにした。

早速ベランダからローズマリーの葉を切って水を入れた三角フラスコに投入。アルコールランプで熱すると精油を含む水が蒸発し、その水蒸気が長い銅管を通る。銅管で冷却されて液体となった水とオイルの混合物がビーカーに一滴、また一滴としたたってゆく。辛抱強く液体が溜まるのを待つ。さあ、ローズマリーウォーターの完成だ！　装置サイズが小さいため含まれる精油は極微量だが、ローズマリーのエッセンスを水に封じ込めた。正直言って、植物をそのままかいだほうが香りは強いのだが、「植物を育て、大げさな装置を組み立て、時間をかけて自分で抽出した」という体験に心が満たされる。


たぶんこれ、羊皮紙づくりと同じだ。

毛と脂と汚れにまみれた動物の皮を、大げさな道具を作って時間をかけて加工する。毛をむしって脂を削ぎ、皮をガシガシ削って磨いて、中心部の白く薄い層を「エッセンス」として抽出する。精油づくりと羊皮紙づくり――嗅覚的には対極に位置するが、その本質は変わらない。

結局、自分は自然の原料が精製工程を経てその隠された姿を見せるという「錬金術的プロセス」

に魅かれるのだということに気付いた。

やはりモノづくりは好きだ。羊皮紙づくりから一旦距離を置いたけれど、自分の許容範囲を超えた責任と時間的な縛りでがんじがらめになり、モノづくりに対する喜びが覆い隠されてしまっていただけなのだ。原点に戻って、責任ではなく、もう一度情熱で動けるようになりたい。アロマテラピーは、直訳すると「香り療法」。香りと、その精製作業を通して、自分自身が精製され、本来のモチベーションを取り戻せた気がする。この過程でアロマ検定一級にも合格し、低空飛行していた自尊心も再浮上した。

羊皮紙一筋で突っ走っていたが、人生に休憩は欠かせない。立ち止まり、自分に向き合う時間をとることは誰しも必要なことだろう。また羊皮紙に向き合う気力もムクムクと湧いてきた。

タイミングよく、北海道のひつじ牧場から、羊皮紙づくりのワークショップをやらないかという話が来た。羊皮紙の原点であるひつじ。アロマはベランダでハーブを育てるところから始めたのに、羊皮紙の元となるひつじのことはほとんど知らない。さすがにベランダでひつじを育てるわけにはいかないので、飼育現場の牧場には是非とも伺ってみたい。

北海道のひつじ牧場で抱く仔ひつじの温もり

北海道旭川からさらに車で約二時間。美深町仁宇布《にうぷ》というところがある。広大な大地にポツンと浮かぶ赤い家。ひつじ牧場である松山農場の目印だ。仁宇布は村上春樹著『羊をめぐる冒険』（講談社、一九八二年）の舞台となったところだというウワサがあり、ハルキストたちが集う場所となっている。

牧場では、ひつじたちが草を食んでいる。ひつじの皮は普段触れているが、皮をまとって生きている姿を改めてみると、ちょっと複雑な気分になる。が、それよりも好奇心が勝るのだ。何も知らずに一頭が近づいてきた。ウッヒッヒ、来たぞ来たぞ、ソリャッと捕まえるわけではない。真上からのぞき込んでみる。いつもは平らになった皮しか見ていないので、丸みを帯びた元の形がとても新鮮に思える。「あ〜この骨が出っ張っているからあそこが透明になるのかー」「へえ〜やっぱりお腹部分って伸縮するんだ〜」

牧場で寄ってきたひつじを上から激写

なんとなく後ろめたさを持ちつつ仔ひつじを抱く

数歩離れた囲いには、生まれたばかりの仔ひつじとその母親が身を寄せ合っていた。牧場主の柳生さんが生まれたばかりの仔ひつじをそっと持ち上げ言った。

「八木さん抱きますか？」

恐る恐る腕に抱いた真っ白な子。まだ十分肉もついておらず、呼吸とともに広がるあばら骨を感じる。小刻みにプルプル震える純真無垢な子を腕に抱きつつも、「この皮ってどのくらい薄いんだろう？」と考えてしまうのはどうなんだろう。

現代では畜産技術も進み、この子のように無事この世に生を受けるひつじも多いが、中世において死産率はとても高かったといわれる。そのような子はどうされるのか。病気のことを考えると、肉は捨てられてしまうのかもしれない。でも皮は羊皮紙として活用された。死産した動物の皮は、「スランク」や「ユーテライン・ヴェラム」などと呼ばれ、薄くて滑らかな羊皮紙として珍重されたそうだ。

「ひつじ牧場で行う羊皮紙づくりワークショップ」――のどかでほんわかした響きではあるが、やることはと言えば「生きているひつじの傍らで、その仲間の皮を処理する」。牧場主の柳生さんを筆頭に、北海道各地から集まってくださったひつじ好きさんたち六名と、心地よい青空の下で皮を削って羊皮紙にした。

普段私たちが当たり前のようにスーパーで買って食べている肉も、元は牧場で育てられていた生き物だ。元の姿を知ることにより、自分自身が生かされているという感謝が深まる。自分としても久しぶりの羊皮紙づくり。しかもひつじ牧場で。羊皮紙って、単なるモノじゃなく、命あるものの身体の一部なんだ。画一的な「製品」ではなく、個性があって当たり前――。のどかに草を食む「ご本人さま」たちを眺めつつ、「クサいだの脂っぽいだの言ってごめんよ」と心の中で静かにつぶやく。

第五章

大英図書館での羊皮紙研究

大英図書館の写本に触れたい！

豪華写本の羊皮紙ってどんなもの？

羊皮紙関連のワークショップや講演をする機会も徐々に増えてきた。自分の学んだことをアウトプットし、誰かの役に立てることは光栄だ。とりわけ需要がある分野は、やはり中世写本に代表されるカリグラフィーの世界である。

そもそも羊皮紙づくりを始めたきっかけは、中世写本のきらびやかな世界への憧れであった。幸い、羊皮紙づくりの参考用に写本を何枚か持っているため、誰かの受け売りや本からの単なる引用ではなく、実物を見せながら話ができるのは強みだ。ただ、持っている写本は、自分のお財布が耐えられる範囲内の比較的質素なもの。一方、カリグラフィーの本などで紹介されているのは、これでもかと言わんばかりに金や装飾がほどこされた豪華写本の数々。値段も付けられないような人類の宝だ。そのようなお宝に使われている羊皮紙はどんなものなのだろう。講座のネタ探しではなく、純粋に気になる。

海外の図書館のウェブサイトには、そのような写本の画像が充実している。近年のデジタル化の流れで高画質画像が閲覧でき、しかも高倍率での拡大も可能だ。画像を拡大しながら、王侯貴族が持っていたという写本の羊皮紙に残る毛穴や色などの特徴を観察する。だが、当然のごとく、厚さや触り心地などはわからない。

ある日、大英図書館のサイトを見ていると、研究のため実際に写本が閲覧可能とある。なんということでしょう。大英図書館の写本に触れられる⁉

これは何をおいてでもロンドンに行くしかない！　よし、写本研究に行くぞ！　写本の研究というよりも、写本に使われている羊皮紙の研究だ。自分が持っている写本はごく一般的に流通していた一五世紀の時祷書が中心である。大英図書館が持っているような、王侯貴族が使っていたもの、大型の写本、より古い時代の写本、西欧以外の写本——厚さはどうなんだろう、滑らかさは？　全部見たい、触れたい、測りたい。

といっても、いきなり「すみません、写本を見せてください」と言って見せてくれるのだろうか。サイトを見ると、研究機関に属する研究者は図書館に登録してカードを作れば可能とある。では自分のような単に興味が爆発しているだけの一般人はどうなんだろう。

「研究機関に属する研究者からの推薦状と、お住まいの国や地域にある英国大使館の公印入りの身分証明書が必要」

研究者からの推薦状か……。人間関係が試されている。できるだけ自分の力で追究したいと思っても、やはり助けていただかないとできない。

その助けの手を差し伸べてくださったのが、青山学院大学文学部教授の武内信一先生だ。そう、ともに風呂場で脱毛をした、あの先生である。風呂場を共にしたキヅナは強い。

早速、長年の英文学研究で培われた格調高い英語で推薦状を書いてくださった。日本語にするとこんな感じだ。

私は二〇〇七年にドクター・ケンジ・ヤギと出会い、彼の羊皮紙工房を訪れました。ドクター・ヤギの卓越した羊皮紙制作技術は、特筆すべきものです。企業で翻訳の仕事に従事する傍ら、これらの知識と技術をすべて独学で習得されました。当大学で二度にわたり講演を行っていただき、学生や教員から高い評価を得ています。

このたび、ドクター・ヤギが英国において「上質な中世写本の羊皮紙の特徴」についての研究を進めるにあたり、実物の写本を調査することが不可欠です。特に、羊皮紙の質感、厚さ、毛穴の特徴、表面の粗さに着目されています。

この研究のさらなる進展のため、ドクター・ヤギは貴館所蔵の写本を閲覧したいと希望しております。

ドクター・ヤギは非常に優秀で、温厚かつ親しみやすいお人柄です。また、研究に対する情熱はひときわ強く、常に前向きに取り組まれております。研究目標達成のため、貴館所蔵の写本を閲覧する許可を賜りますよう、何卒よろしくお願い申し上げます。

なんというありがたいお言葉。拝読していて涙が出るほど光栄である。小学校時代「メーメー・ヤギ」と呼ばれていたが、今や「ドクター・ヤギ」だなんて。う…う…う…。感涙にむせぶ。「ヤギだから紙喰え」などと言われていたが、世界一流の図書館で「紙」の研究ができるだなんて。感慨ひとしおである。

リボンで華やぐ運転免許証の英訳文書

次に身分証明書だ。車を運転しないにもかかわらず、免許証は持っている。当然ながら無事故無違反のゴールド免許だ。とはいえ、単に免許証を持って行けばよいわけではなく、翻訳会社での正式な英訳と、それを証明する英国大使館の公印が必要らしい。都合のよいことに、本業が翻訳者なので自分で英訳を行った。大使館での証明取得は面倒ではあるが、大使館に赴くことでなんだか気分も上がる。

サインかハンコなのかと思いきや、漫画のキャラクターが叫ぶときの吹き出しのような形をした、真っ赤なシールを張り付けたブルーのリボンが文書に結ばれる。無味乾燥な運転免許証の翻訳文書が、派手派手リボンで一気に華やいだ。

そして実際に観察する写本の選定だ。閲覧時間は限られている。さらに、予約可能なのは一日四冊までとのこと。種々の制限がある中、できるだけ自分の手に届かない写本が見たい。

ネット上にある大英図書館の写本カタログを片っ端から見てみるが、あまりに数が多すぎて選べない。図書館にメールで相談すると、写本閲覧室長のジャスティン・クレッグ博士が研究意図にふさわしいものを提案してくださるとのこと。なんと細やかなサービスだろう。しかも公共サービスとして、相談から閲覧まですべて無料というのが信じられない。税金を負担してくださっている英国国民の皆様に感謝である。

実際に閲覧の許可を得るには、研究申請書を提出する必要がある。今回の研究目的は、「時代、地域ごとの羊皮紙の特徴を調べる」というもの。申請書の質問に、「なぜ実物を閲覧する必要があるのですか。画像やコピーではいけない理由を書いてください」とあった。写本は大変貴重なものなので、手で扱うと劣化や損傷のリスクがある。図書館としては、それを避けるために近年次々に写本をデジタル化してオンラインで公開しているのだ。それではいけない理由を聞かれるのはもっともである。自分の場合は明確だ。

「羊皮紙の厚さを計測したいから」

許可が下りた。そして、閲覧可能な九世紀から一三世紀までの写本候補が四冊提案された。

①九世紀フランス・カロリング朝の福音書、②一二世紀ドイツの大型聖書「ヴォルムスバイブル」、③一一世紀ビザンツ帝国のギリシア語福音書、そして④一三世紀フランス王妃マルグリット・ド・プロヴァンスが使っていたという絵解き聖書「ビーブルモラリゼ」。

そうそうたるメンバーが出そろった。古い時代の羊皮紙、大型本の羊皮紙、ビザンツの羊皮紙、王妃のための高級写本羊皮紙。完璧だ！

これらははたして、今まで自分が作ってきたもの、見てきたものとは違うのだろうか。違うとしたら、どのように違うのだろうか。好奇心に導かれ、二〇〇九年六月六日、七日間の日程でイギリスに旅立った。

ケルズの書、そして大英図書館へ

まずはダブリンへ　アイルランドの至宝ケルズの書

期待に胸を膨らませ、ロンドン ヒースロー空港に降り立つ。

いざ大英図書館へ！の前に、絶対に見ておかないといけないものがあるのだ。それは、アイルランドの至宝「ケルズの書」。

ケルズの書は、九世紀にアイルランドのケルズ修道院で完成されたキリスト教の福音書。精緻な装飾画により「最も美しい本」と称され、アイルランドの国宝となっているものだ。その書物は、ダブリンのトリニティーカレッジ図書館に展示されている。


ロンドンから日帰りで首都ダブリンまで約一時間半の空の旅。ダブリンの街を歩くと、ダンディーなパブが軒を連ねている。「ぬぉー、ギネスビール！」「ぐわー、アイリッシュウイスキー！」という心の叫びを押さえつけるのに必死だ。今呑んでしまってはまともに写本が見られなくなる。それどころか酔って門前払いされたら一生自分を許せない。競走馬のようにひたすら前を見てトリニティーカレッジへと突き進む。

「Book of Kells」（ケルズの書）

図書館入口には誇らしげに大きな案内板が表示されている。これなら迷うことはない。館内は一切撮影禁止である。前座のようにさまざまな羊皮紙写本が展示されているが、どれも前座とは思えないくらいの一級品だ。それに加え、写本が作られる工程や顔料の展示もあり、とってもの見ごたえがある。

特別展示室に入ると、専属警備員が目を光らせている。なんだか鉛筆とメモ用紙を出すだけで怪しまれていないかと妙に緊張する。展示室中央のガラスケースに横たわっているのが、アイルランド国宝、ケルズの書だ。

おおー、きたきたきた、これが、ケルズの書！

一目見て感じた正直な感想は……「あれ？　これって印刷？」

感動に打ち震えて涙で曇って見えなかったらどうしよう！という事前のリアクション予想は見事に裏切られた。でも、よく見ると印刷ではなくやはり本物なのだ。印刷だと思ったのはなぜかというと、通常こういう写本は羊皮紙が湿気でうねったりしているのだが、メンテナンスが完璧で全体的に「ピシッ」と平面を保っていることがひとつ。もうひとつは、照明のせいなのか全体的に均一なツヤがあり、それがまるでポスターのように見えたのだ。

一方、本物だと確信したポイントは、特に緑の絵具の盛り上がりである。粒子の粗い顔料を使っているようだ。イニシャル文字に塗られている緑が一部剥落し、下地の羊皮紙との段差が目立つ。当然印刷だったらこんな立体感は表現できない。そもそも印刷レプリカに専属警備員は付かないだろう。

ケルズの書で特徴的なのは、羊皮紙の色である。ヨーロッパの他地域の写本は年月を経ても白いものが多いのだが、ケルズの書の羊皮紙は茶色っぽい。と言っても、死海文書のように表面をなめしてレザーのようにしてあるわけではないようだ。

ケルズの書の羊皮紙を調査した論文によると、当時はまだ北方に石灰脱毛法が伝わっておらず、腐敗やバクテリアによる自然任せの脱毛だったらしい。石灰脱毛に比べ、分解されない不純物が皮に残り、年月を経て茶色味が増したのだとか。

ということは、今この目で見ているミステリアスな雰囲気満点のケルズの書は、作られた当時は白かったということか。でもこの羊皮紙の色こそが、元々の美しさに加えて時の重みと威厳を感じさせてくれる。

自然な脱毛、自然な変色——年齢を重ねることにあらがわない自然体。でも日々のメンテナンスは欠かさない。御年一二〇〇歳のケルズの書からエイジングの極意を学ぶ。

ケルズの書で恍惚状態に陥った後、徐々に正気を取り戻し、次の目的地チェスタービーティー図書館に移動する。ここは、新約聖書のパピルス写本をはじめ、大量の羊皮紙写本が展示されている世界有数の写本の宝庫。今回は展示ももちろん堪能したが、この図書館の会議室を借りて、ある人物と会うことになっている。

その人物は、アイルランドの羊皮紙メーカー、ヴェラム&パーチメント・ワークスを経営するジョー・カッツさんだ。今回カッツさんに羊皮紙を購入したいと日本から電話で伝えたところ、工場のあるセルブリッジという街からわざわざ車で四〇分かけて、ダブリンまで羊皮紙を持ってきてくださったのだ。チェスタービーティー図書館には、修復や講習用で羊皮紙を卸しているので、会議室を貸してくれたのだそう。

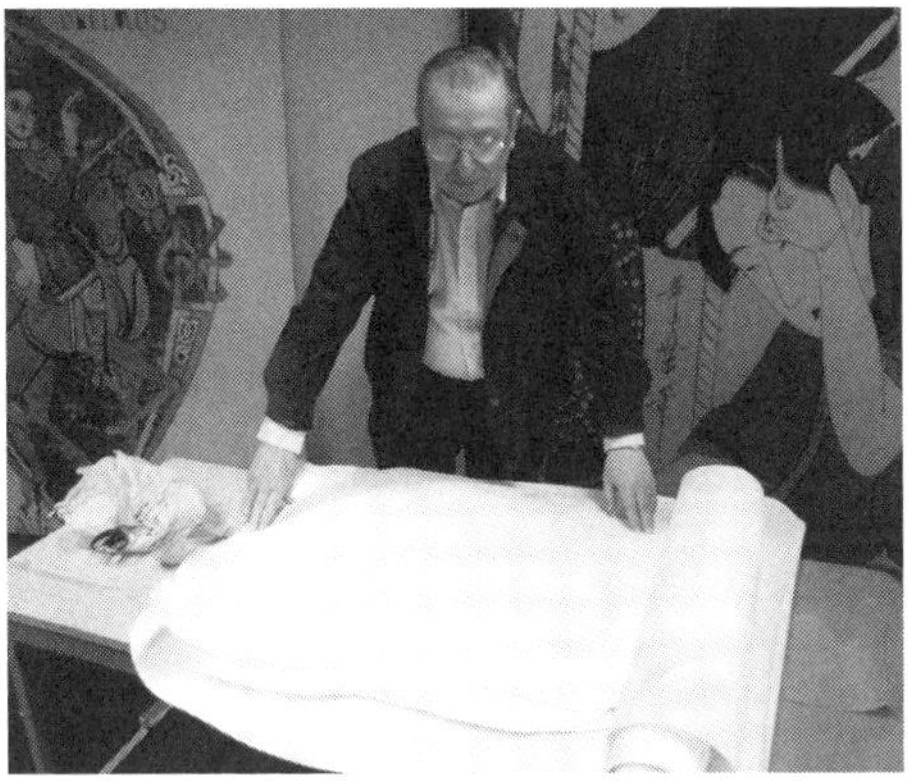

羊皮紙を見せてくださる羊皮紙職人カッツさん

カッツさんご自身は、経営者でありながら羊皮紙職人として三〇年のキャリアを誇る大ベテランだ。これを機にいろいろと教えていただいた。

「カッツさん、羊皮紙の表面仕上げってどうやってますか？」

「仕上げはね、大体四〇〇番から四五〇番くらいの中目のサンドペーパーで磨いてますね。あと、小さなスポンジにほんの少～しだけ水を含ませて。一方向になでつけるように拭くと滑らかになりますよ」

カッツさんが今回持ってきてくださったのは、「スランク・ヴェラム」。日本語にすると、「死産の仔牛皮」……と聞くと、「ギョエー、グロい！」とか、「えー、かわいそう」という反応が大半だろう。カッツさんに伺うと、アイルランドの牧場では、仔牛が死産となる、あるいは生まれてすぐに亡くなる確率が二〇～五〇％にも上るという。ミルクを飲み始めると脂が増えるため、死産の仔牛はクオリティの高い羊皮紙になるのだそうだ。

カッツさんの羊皮紙は、著名なカリグラファーに愛用されているだけでなく、ドラムの皮としても使われている。日本の楽器メーカーにも輸出しているそうだ。たしかに、中世の羊皮紙ショップの絵を見ると、必ずといっていいほど太鼓も描かれている。音楽の世界では「羊皮紙」とは呼ばないが、モノは全く同じ。羊皮紙は書物だけでなく、音楽の世界でも欠かせない素材なのだ。

カッツさんと別れた後は、一目散にパブに駆け込む。本場で味わうギネスビールのうんまいことうまいこと！　帰りの空港で飲んだアイリッシュウイスキー「ジェイムソン」も美味だった。あまり羽目を外すとケルズの書の思い出もろとも記憶が吹っ飛んでしまうので、自制心を保ってほどほどに。

いよいよ大英図書館へ

ロンドンに戻り、待ちに待った写本との対面の日。朝からソワソワする。日本から持参したスーツに着替える。図書館にドレスコードがあるわけではない。正装するのは、図書館の方々に「きちんとした研究者」と見られるように。でもそれ以上に、数百年前に神に仕える修道士や一国の王妃が使っていたとされる書物に対して、最大限の敬意を払うために。

研究の前に、図書館で一般公開されている写本を見学する。展示されているのは、世界的に有名なそうそうたる羊皮紙写本の数々。

緊張の面持ちで大英図書館入口に立つ

四世紀頃のギリシア語聖書「シナイ写本」、八世紀イギリスの福音書「リンデスファーン福音書」など、その他挙げたらきりがない。

展示を見るうちにまばたきが少なくなり、瞳孔が開く。死んだわけではない。目の前にあるものすべてが圧巻すぎるのだ。一瞬でも見逃すまいとする意識が目の神経を支配する。たまに我に返ると、目を見開いたままだったことに気付く。とたんに眼球が乾燥してチリチリし、久々にまばたきをするという繰り返しであった。

国宝や世界遺産級の羊皮紙写本を目の前にし、ガラスケース越しながらも必死になってその見た目の特徴をメモする。

・シナイ写本（四世紀頃）――ピュアホワイト、うねりあり、表面研磨、毛穴なし、厚さ〇・一五ミリほど
・リンデスファーン福音書（八世紀）――クリーム系ホワイト、表面研磨した仔牛、厚さ〇・二五ミリほど
・マグナカルタ（一二一五年）――仔牛肉側に筆写、白くベルベットのような質感、厚さ〇・三ミリほど
・グーテンベルク四二行聖書（一四五四～五五年）――一ページ目毛側は完全に削られておらず部分的にグレー。肉側はベルベットのような質感。厚さ〇・二～〇・二五ミリほど

羊皮紙の薄さや白さ、うねり具合、削りの跡、見た目の厚さなど、あらゆる特徴を書き込んだ。

興奮冷めやらぬまま、写本展示室を後にした。これはまだまだプレリュード。これからが本

番だ。

まずは図書館の受付で大英図書館閲覧者カードを作成する。英訳した身分証明書を窓口の女性に渡す。

「オウ！　イッツ・ラブリー」

派手派手リボンはウケがよい。

事前に記載した研究要旨の紙も渡す。窓口の方がまばゆいばかりの笑顔で、「ゴールドメダル・フォー・ユー！」（あなたに金メダルを！）と喜びの声を上げる。「えっ、何か当選した？」と思ったら、「ここまできちんと準備してきてくれる人なんて、そうそういないわ」とおっしゃる。ネットに記載されていた手順に当たり前のように従っただけなのだが、素敵な言葉の金メダルをいただいてしまった。

そして要旨にざっと目を通し、「ワオ！　羊皮紙の厚さの研究！　この前は手漉き紙の透かしを研究したいっていう方がいらしてたわね。インタレスティング！」

これでもかというくらい、受付窓口で気分をアゲにアゲてくれる。

「Manuscripts」（写本）

ついにやってきた。写本閲覧室。襟を正して中に入る。

カウンターに行き、これまで対応してくださったジャスティン・クレッグ博士と対面する。お願いしておいた計測機器一式をいただいた。厚さ計測器とファイバーランプだ。ファイバーランプとは、通常の光源だと熱で羊皮紙がうねってしまうため、光源から光ファイバーを延ばして羊皮紙に極力熱の影響が及ばないようにしたもの。斜め上や横から光を当てることで、羊皮紙の表面粗さが観察できる。

予約しておいた写本は一冊ずつカウンターから手渡してくれる。一ページ一ページじっくり味わいたいところではあるが、時間制限もあるし、単に見とれているだけでは研究にならない。お借りした厚さ計測器を使ってそれぞれの羊皮紙の厚さを計り、ファイバーランプを側面から照射することで羊皮紙の表面凹凸を浮き出させて、日本から持参した羊皮紙サンプルと比較するという作業を各写本で行う。

①カロリング朝の福音書（九世紀フランス）

まずは最も古い九世紀の福音書。フランスのトゥールで作られたものだ。九世紀ということは、今から約一二〇〇年前の本！　まず一〇〇〇年以上前のものがほぼ完璧な形を留めていることに驚く。そしてそれを今素手で触っていることに震える。

調査の準備はバッチリしてきたつもりなのだが、さすがに一〇〇〇年以上前の実物を手にするとマゴついてしまう。大英図書館では写真撮影が禁止されているため、特徴はすべて鉛筆でメモを取る。筆記用具は鉛筆以外使えない。万が一写本に落書きされたとしても、鉛筆だったら消せるからだ。

写本を一ページずつめくってゆく。一二〇〇年前の羊皮紙は、カラカラに乾燥して柔軟性がなく、めくると「カタカタ」という音がする。年季が入ってベコベコになったプラスチック製トランプのような質感だ。注意深く各ページの厚さを測り、ノートに記録を取る。時間の関係もあり、各写本で計測できるのは三〇ページほどではあるが、かなり地道な作業を、写本にダメージを与えないように細心の注意を払いながら進める。たまに「ぬぉ〜、研究してるー」というニヤけが発作のように襲ってくるのだが、がまんする。ひたすら厚みのデータをメモすると、最も厚い個所で〇・二五ミリ、最も薄い個所で〇・一三ミリ、平均〇・一九ミリであった。大体自分が持っている写本と同じ厚さ、つまり皆さんが今お読みのこの本の紙で言うと一〜二枚分程度だ。表面粗さや羊皮紙の色も記録してゆく。

②大型聖書「ヴォルムスバイブル（Worms Bible）」（一二世紀ドイツ）

次に、ロマネスク写本を代表する一二世紀のヴォルムスバイブル。その特徴は、なにしろデカい！　本を閉じた状態で縦五二五×横三六五ミリのジャイアントバイブルだ。出庫係の方が「大きいでしょ」とほほ笑みながら、二人がかりで貸し出し口まで運んでくれる。

その後大型本専用の書見台までは自分で運ぶが、超絶重い！　腰痛が悪化してしまいそうだ。

大型本はそのサイズに耐えられるように、案の定厚手の羊皮紙が使用されている。最も厚いページは〇・四七ミリ。どうりで重いわけだ。見た目や表面処理から動物種は仔牛ということがわかる。背骨の跡が見開き中央に横向きに走っていることから、見開き一枚で仔牛一頭を使っているようだ。つまり、この写本一冊には、見開きのページ数と同じ数である約一五〇頭もの仔牛が使われていることになる。

③ギリシア語福音書（一一世紀ビザンツ帝国）

一一世紀にビザンツ帝国の首都コンスタンティノープル（現イスタンブール）で作られた福音書の羊皮紙は、また一味違って面白い。文章が書かれている羊皮紙の厚さは〇・〇九ミリと薄いのだが、細密画が一面に描かれている羊皮紙はその約三倍の厚さ、〇・三ミリときた。偶然ではなく、いくつかある細密画ページすべてに共通しているので、意図した使い分けだろう。しかもそれらのページは表面が入念に磨かれてテッカテカになっている。絵具の発色や金の輝きを最大限に発揮させるための表面処理ではないだろうか。

写本の四六二ページ目をふと見ると、ページ下に赤いシミのようなものが。指紋だ。この写本を作った彩色職人が、指に絵具が付いていることに気付かず触ってしまったのだろうか。今から約一〇〇〇年前の職人の痕跡が、羊皮紙に生き続けている。そっと自分の親指をその指紋に重ねた。当時のビザンツ人に間接的に触れたのだ。何か不思議なつながりを感じた。生きている時代も専門性のレベルも違うが、モノづくりに情熱を傾ける者同士。以前クレオパトラの香りをかいで脳に別世界が広がったときのように、何か時空を超えた絆を覚えた瞬間だった。

④絵解き聖書「ビーブルモラリゼ（Bible Moralisée）」（一三世紀フランス）

さあ、一三世紀フランスの「ビーブルモラリゼ」の登場だ。フランス王妃マルグリット・ド・プロヴァンスが所有していたとされる「絵解き聖書ダイジェスト」で、全ページに挿絵が入っている超豪華版写本である。

羊皮紙を触ってみると、若干しっとりしていて、みずみずしさを感じる。音は乾燥したカタカタではなく、若干こもったポコポコだ。

ページをめくってみると、全ページに入っていると思っていた挿絵と文字は、なんと羊皮紙の片面、肉側だけにしか見られない。毛側は「裏」となり、白紙のままなのだ。つまり、絵と文字のある見開きがあり、ページをめくると空白の見開き、またその次は絵がある、という具合。高価な羊皮紙を無駄なく使おうという努力がなされていた時代に、なんとまあ贅沢な使い方だろう。そして驚いたのは、その均一性だ。全部で一五三枚の羊皮紙が使われているが、全ページを通して厚さが約〇・二ミリで一定なのだ。最も厚いページと最も薄いページの差はわずか〇・〇八ミリ。つまりティッシュペーパー一枚分である。

毛側は白紙のままなので、羊皮紙の表面処理を観察するには絶好のチャンス。表面に斜め横からライトを当ててみると、縦方向と斜め方向に細いストライプ模様が見える。削り跡だ。この均一な羊皮紙を作り出すために、かなり入念に表面を削ってある。当時サンドペーパーはなかったため、おそらく軽石か何かだろう。しかも、同じページに目の細かさが異なる三種類の削り跡がある。一つめは筋と筋の間隔が約三ミリの粗目、二つ目は一・二〜一・三ミリの中目、最後は〇・五〜〇・七ミリの細目である。つまり、三種類の研磨道具を使っていると推定できる。もっとよく見てみると、粗目で研磨した後に中目と細目を使っていることが観察できた。まずはガシガシと大まかに厚さを落としてから、次第に滑らかになるよう調整していったのだろう。

これには随分と励まされる！　家で電動グラインダーが使えずブーブー言ったり、皮をペロ〜ンと二枚に剥ぐやり方ないかなーと常に楽な方法を求めて彷徨ったりしたけども、フランス王室御用達の羊皮紙職人も地道に手でガシガシと羊皮紙を削っていたんだ〜！　いやまあ大変だけど、やっぱり行きつくところは地道な手作業なんだなー。削り跡に込められた「おまえも頑張れよ！」という職人さんのメッセージを、しかと胸に受け止めた。

ひたすら厚さを測り続け、「小型本は薄手」、「大型本は厚手」、「ビザンツは文章ページと絵画ページで使い分け」、「王家の高級写本は驚異的に均一」ということがわかった。表面粗さは、持参したサンプル羊皮紙と比較して、四〇〇〜八〇〇番の中目サンドペーパーで研磨したものと特徴が似ていた。今後の羊皮紙づくりにおいて、大いに役立つ貴重なデータである。

厚さ計測した羊皮紙は一一〇枚。しかも、どれも決して普段手に取れるようなものではないため、閲覧中はほぼ半日、のどの渇きもトイレもガマンして、というかそんなことは気にも留めずに、ただただ写本に没頭していた。写本を全部見終わった後、没入状態から抜け出しどっと疲れが噴出。夕刻のトラファルガー広場の階段に座り、暮れゆく空を抜け殻のように眺めていた。

あれだけ高い質の羊皮紙を作って、一文字ひと文字正確無比に筆写し、金と極彩色で緻密に装飾を施す――それをすべて手作業で行う執念……。この原動力は何なのだろう。自己表現？承認欲求？　お金のため？　どれもしっくりこない。名を残さずとも、神に仕える者の業？与えられた才能という賜物を神に捧げる信仰か。実証するすべもないが、自分にとってはそれが最も腑に落ちる。

大英帝国勲章を受けた羊皮紙界のヒーローにまみえる

大英図書館の興奮冷めやらぬまま、翌朝、ロンドンのキングスクロス駅から列車に乗る。この駅は、映画『ハリー・ポッター』シリーズの舞台となったところ。ホグワーツ特急始発駅として映画にも登場する。

列車に乗ること三〇分でロンドン郊外のミルトン・キーンズ駅に到着。そこからさらにローカルバスで四〇分。のどかな田舎町ニューポート・パグネルに着いた。ここに来た理由は、世界的に有名な羊皮紙メーカー、ウィリアム・カウリーの工場見学のためだ。

ここの羊皮紙は英国王室御用達。ウィリアム王子の結婚証明書などにも使われた。さらに、イギリス国会で法案が決まると羊皮紙に印刷されるという慣習がつい最近の二〇一六年まで続いていたが、その羊皮紙のサプライヤーなのだ。

一八七〇年創業で一〇〇年以上の歴史を誇るこの会社のオーナー、ウィム・ヴィシャー氏は、中世写本に関する書籍にたびたび取り上げられ、羊皮紙界隈では有名な方。まるで推しのアイドルに会いに行く感じで楽しみと緊張とが入り混じる。

赤レンガの美しい閑静な住宅街を歩いてゆく。緑も多くとっても心地がよい。プリントアウトした地図を見ながら番地を探すが、何度も迷って違う路地に入ってしまう。この工場、とってもわかりにくいのだ。なぜなら看板も何も出していない。後でわかった理由は、以前動物保護団体がデモを行ったりしたせいで、目立った看板を出さなくなったとのこと。

やっとのことでたどり着いた。すると、外で迎えてくださったのはあの羊皮紙界のヒーロー、ウィム・ヴィシャーさんだ。

「は、は〜！　ヴィ、ヴィシャーさんだー」。頭の中は、推しのアイドルを間近で見た女子高生のようなトキメキが。

スラッと背が高く、白衣のような水色の作業着をまとっている。作業着とはいえフィット感が素晴らしく、紳士の着こなしだ。さすが我らのヒーロー。

ヴィシャーさんは柔和に「ようこそ。小さなところですが、どうぞ見学を楽しんでいってください」と言い、赤レンガの建物に消えてゆく。その後の案内は、トーヴァさんという女性職員が担当してくださった。

赤レンガが温かい工場外観

うずたかく積まれた原皮。仔牛皮とひつじ皮だ。今は毛と脂と塩にまみれているが、いずれ王室や国会に収められ、国の宝となるモノたち。

まず案内してくださったのは、脱毛のための石灰槽。トーヴァさんは当たり前のように素手を石灰液に突っ込みバシャバシャとやりながら説明してくれる。「そんな、だ、大胆な……」。石灰液は強アルカリ性だ。トーヴァさんの手は、手首の上あたりまで結構荒れて見える。職人の証としてたくましい。

別の部屋に移ると、皮が木枠に張られているが、見覚えのない作業をしている。なにやらお湯を沸かしているブースがあり、ホクホクと湯気が立っている。職人さんがそのお湯をひしゃくで皮にバシャン、バシャンとかけて、半月刀を滑らせている。まるでアクションペインティングのような豪快さだ。遠い日本からの見学者を迎えて、何かショーでもやってくれているのだろうか。

「トーヴァさん、これ何やってるんですか？」

「これはですねぇ、脱脂処理をしてるところです。脂の多いひつじはお湯をかけてから半月刀で脂を掻き取るサイクルを三回行います。仔牛は常温の水＋半月刀のサイクルを二回ですね。脂が残っているとカビの原因にもなるので、大事な工程なんですよ」

お湯をかけながらの脱脂処理

ひつじにお湯を使うところがユニークだ。寒冷地であるイギリスでは、脂が凝固してしまうためであろうか。お湯で脂の流動性を高めて、半月刀で線維間から絞り出しているのだろう。コラーゲン線維は高温で縮むので、線維間に潜んでいる脂がキュッと絞り出される効果もありそうだ。いやはや、この工程は初めて知った。中世のレシピにも記載はないが、羊皮紙づくりは気候などに合わせてその土地土地で最適な方法があることを実感。うちの風呂場ならすぐお湯もあるし、帰国したらやってみよう。

作業をしているリーさんは、羊皮紙職人になって一〇年。もうベテランの域だ。リーさんにこう聞いた。

「羊皮紙職人としてプロの枠に達するにはどのくらいの期間かかるんですか？」

リーさんは答える。

「そうねえ、二～三年かな？」

え、そんなんでいいんだ……、というのが正直な感想。じゃあ、三年くらいやってる自分もプロじゃん！

ちなみに一日何頭分の羊皮紙を作っているのか伺ったところ、リーさんは「そうねえ、二〇頭くらいかな？」と軽く答える。に、二〇頭？　一日で？　一日八時間労働として計算すると、一頭の皮が二四分で羊皮紙になるってこと？

あまりの速さにひるんでいると、「いや、最初からじゃなくって、工程ごとに職人がいるから、一つの工程で二〇頭分ね」とのことだった。

とはいえ、やはりすごい数だ。年間約二五〇日働いたとして五〇〇〇頭、三年で一万五〇〇〇頭分か～。そう考えると、同じ「三年」でも密度が違いすぎる。

さらに上の階に移動すると、今度は乾燥した皮が木枠に張ってある。脱脂工程を経て、最終的な削りに入るのだ。イスラエルでは濡れたままズサッズザッと削っていたが、イギリスでは中世のレシピと同様、乾燥状態で削る。削るというか「剃っている」と言ったほうがよいかもしれない。ピンと張った皮に半月刀を小刻みに押し当てて下に滑らせると、「ドン　ドン」という太鼓のような乾いた響きとともに、かつお節の如く表面がきれいに削れてゆく。

「これって、なんでこんな風に削れるんですか？」

「刃先に返しを付けてるんだ。刃を研ぐときに、若干下向きに角度を付けることで、カンナみたいに剃れるのさ。ほら、触ってみ」

半月刀の刃先を触らせていただいたが、正直よくわからない……。切れないように注意しながら指を滑らせてみても、別に引っ掛かりなどは感じないのだが……。う～ん、不思議だ。

このナイフで「剃って」いるのは肉側ではなく毛側だという。イスラエルでは肉側を削っていた。これは巻物文化と冊子文化の違いだろうか。巻物は丈夫な毛側はそのままで、文字を書く肉側のみを丁寧に処理する。一方、冊子の場合は文字を両面に書くため、両面ともほぼ同じ質感が求められる。そのため毛穴や色ムラなどを極力なくして「平坦な白」に近づけるよう毛側を剃っているのだ。同じように見える工程でも異なる文化を比較すると、微妙な違いの理由がわかって面白い。

最終的に品質チェックを行うのは、我らがヒーロー、ヴィシャーさん。蛍光灯など人工光で

毛側を「剃る」ようにして削る

はなく、窓際に設けられたチェックスペースで自然光のもと目視確認だ。プロ中のプロの厳しい目が光る。完成した羊皮紙には、動物の首にあたる部分に小さな穴がポッポッと開けられている。

「ヴィシャーさん、これ何ですか？」

「ああ、この穴は職人の印さ。この羊皮紙を担当した職人が最後に自分のマークとして千枚通しで穴を開けるんだ。この穴のパターンは各職人で違うんだよ。何か問題が見つかったらその担当職人にフィードバックするためにね。創業以来一〇〇年以上変わらぬやり方さ」

なるほど、自分は一人で羊皮紙を作っているが、大量に作るとなるとチームでの共同作業。作業者は自らのパートに責任を持ち、監督者がフィードバックする

品質チェックをするヴィシャーさんの後ろ姿

という流れだ。もちろんこれは羊皮紙自体の品質チェック工程だが、経営者であるヴィシャーさんはこのマークを基に職員のパフォーマンスも管理できる。「よしよし、彼は上達してるな」とか「え、アイツこんなんじゃダメじゃん」という人事評価をしているのだろう。私自身、今のレベルでこの厳しい目に耐えられるだろうか。ヴィシャーさんの背中を見ながら、否が応でも背筋が伸びる。

最後に、羊皮紙界のヒーロー、ヴィシャーさんとツーショット写真を撮りたい！　だけれど品質チェックに真剣勝負のヴィシャーさんにそんなことをお願いしてよいのか。いや、やめておいたほうがよい。いや、でも、ツーショット写真……。

後ろ髪ひかれながらも、やはりここは遠慮した。というか、言いだす勇気がなかった。その後ろ姿だけをカメラに収め、ヴィシャーさんの品質に対する真摯な姿勢を記憶に留めることにした。

この後ヴィシャーさんは、二〇一七年に「社会における優れた業績または奉仕」に対して与えられる大英帝国勲章をエリザベス女王より授与された。日本では「羊皮紙を作っている」と言うと単なる物好き扱いだが、イギリスでは社会貢献として国から表彰されるというのは羨ましい。

帰国後、ウィリアム・カウリーで学んだ羊皮紙製作の技をいろいろと試してみる。最も期待値が高かったのが、「熱湯をもって脂を制す」技だ。これで脂の悩み解消となるか？

早速木枠に張った皮を風呂場に用意し、台所から沸かしたお湯を鍋ごと持ってくる。そして冷めないうちにと勢いよく熱湯をバシャッとかけた途端、「スパン！」という大音量が。何が起こったのか脳が追い付かない。木枠を見ると。か……皮が消えた！　紐が弾け飛んで皮が床に落ちたらしい。お湯が熱すぎて皮のコラーゲン線維が急激に収縮して紐を引きちぎってしまったようだ。皮の力、恐るべし。イギリスでお湯の温度も聞いておけばよかった……。

第六章

羊皮紙の聖地ペルガモンへ

ペルガモンを見ずして羊皮紙は語れない

羊皮紙を探求する者としては、決して外せない「聖地」、ペルガモン。一世紀ローマの学者プリニウスは著書『博物誌』において、「羊皮紙はペルガモンで発明された」と記している。羊皮紙の英語名「Parchment」（パーチメント）は「Pergamon」（ペルガモン）から来ていると言われるほどだ。伝説では、ペルガモン図書館長であったクラテスが羊皮紙を発明し、その弟子であるイロディコスがさらに改良を行ったとされる（が、それを裏付ける史料はない）。

ペルガモンを見ずして羊皮紙は語れない（少なくとも自分にとって）。羊皮紙を作った、写本を集めた、牧場にも行った、図書館で調査もした。自分の中であと一つ欠けている最大のピース、それこそが「ペルガモン」であった。

紀元前四世紀、マケドニアのアレクサンドロス大王が世界征服をもくろみ、インドまで大遠征を行う。その帰路において大王はバビロンにて没した。紀元前三二三年のことである。その後彼に従う者たちが広大な帝国を分割し、小アジア半島に誕生したのがペルガモン王国だ。

ペルガモンはその後ローマ帝国の一部となり、ビザンツ帝国、オスマン帝国、そして現在のトルコ共和国の土地となった。現在は、イズミル県ベルガマ市となっている。

是非ともベルガマを訪れて、羊皮紙詣でをしてきたい。とはいえ、羊皮紙が誕生したといわ

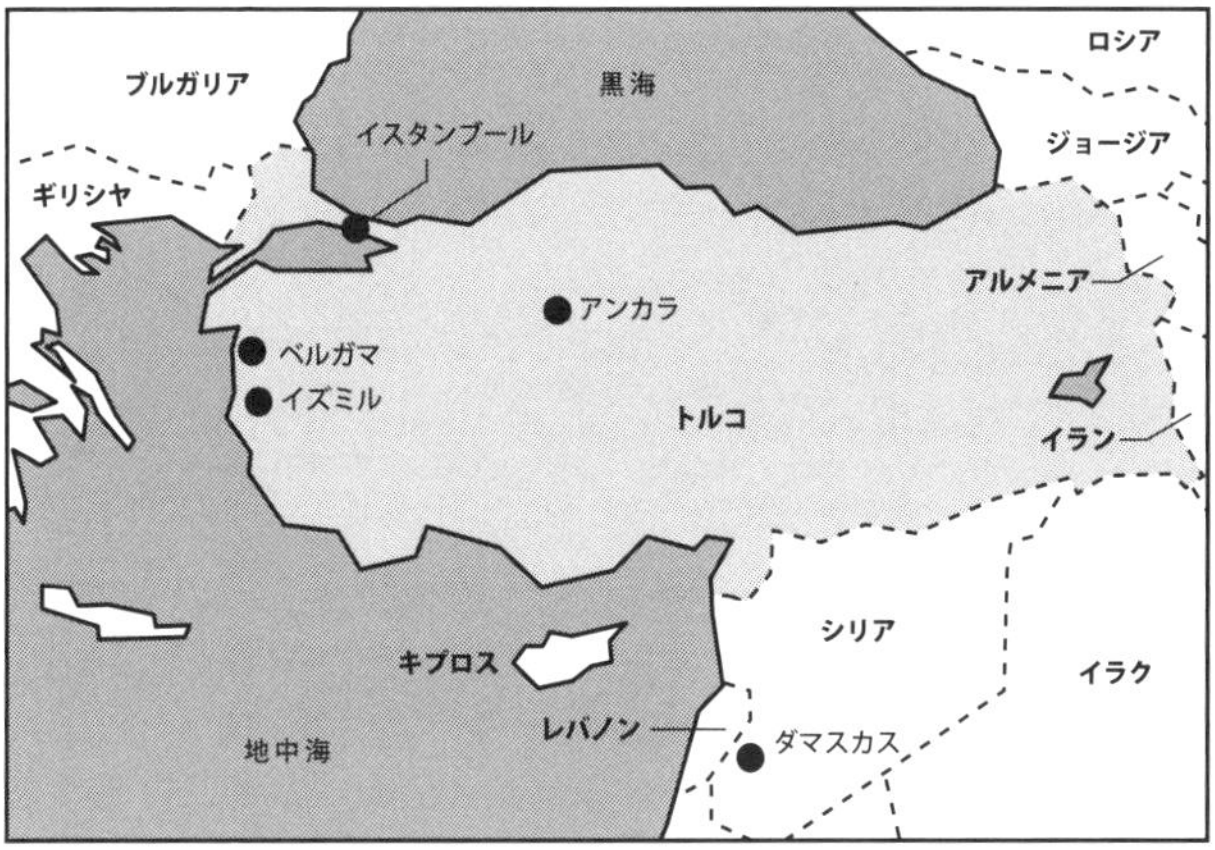

トルコ（ベルガマ）周辺

れるときからすでに二〇〇〇年以上経っている。今行っても何もないかもしれない。でもそれでもよい。羊皮紙が生まれたとされるその場に佇み、その空気の中で思索にふけるだけで満足だ。

思い立ったら即行動。とりあえずネットで「Pergamon parchment」（ペルガモン　羊皮紙）と検索。するとなんと、そのまんま「Pergamon Parchment」（ペルガモン・パーチメント）というサイトがヒットしたではないか。

「二〇〇〇年経った今も、ペルガモンにまだ羊皮紙が生きてる！」

サイトを見ると、ベルガマにおいて羊皮紙のアート作品をお土産として製作販売しているようだ。ショップオーナーのメッセージがトルコ語と英語で書いてある。

「二〇〇〇年前にここペルガモンで生まれた羊皮紙。エジプトのパピルスは有名ですが、ここでの羊皮紙の伝統は途絶えてしまいました。私たちがそれを復活させます」

「Visit us! Encourage us!」（来てください！　私たちを励ましてください！）

そうですか、そうですか。行きますよ！　励ましますよ～！

早速オーナーのマジット・ゴンリュギュルさんに訪問の旨を連絡すると、すぐさま流暢な英語で返信が来た。

「ペルガモンでお待ちしています」


二〇一〇年二月一三日から一九日までの七日間の日程で、トルコに向けて旅立った。

トルコ最大都市イスタンブールを経て、イズミル空港に到着し、そこからバスに乗り換える。左側の車窓に広がるのはエーゲ海。おお、あの有名なエーゲ海だ～と感激はするが、イメージにある真っ青な海とはちょっと違うぞ？　まあ、天気や場所によっても変わるんだろう。右側の車窓にはオリーブ畑が延々と続き、エーゲ海沿いの雰囲気を高める。

一時間半ほど走って、ベルガマ市のバスターミナルに到着した。そこからタクシーに乗り換え、一目散にあの「ペルガモン・パーチメント」へ直行する。

来たぞ来たぞペルガモン、やってきました「ペルガモン・パーチメント」。励ましに来ましたよ！

店先には木枠に張った羊皮紙のオブジェがあり、ショーウインドウから数々の羊皮紙作品が見える。海外の観光客のために、各国語で「羊皮紙」と書かれているが、なぜか日本語はカタカナで「パルショメン」だ。羊皮紙を意味するトルコ語の音をそのまま書いてある。わかる人はほとんどいなさそうだが、日本人をウェルカムしてくれている気持ちは伝わる。

心弾ませながらドアを開けると、オーナーのマジット・ゴンリュギュルさんとアーティストのデメット・サーラムさんが笑顔で迎えてくれる。

（二人）「ハロー」

羊皮紙作品がずらり。ペルガモン・パーチメント店内

マジットさん（左）とデメットさん（右）

（私）「ハッロー！」

……までのやりとりまではスムーズだった。が、なんとマジットさんもデメットさんも英語ができない。トルコ語オンリーだった。あの流暢な英語メールは何だったのだろう……。

燃える！　言葉が全く通じない状況はこれまでも何度か経験があるし、逆にそのほうが面白い。何とかなるし、何とかする。

歌う娘のアイチャさん（左）とウードを演奏する父マジットさん（右）

今回、旅行前の楽しみとして簡単なトルコ語は勉強していたし、絵を指さすだけで伝わる『旅の指さし会話帳18 トルコ』(磯部加代子著、情報センター出版局、二〇〇六年）も持っている。

言葉が通じない分、相手も何とか伝えようとするし、こちらも必死でコミュニケーションを図る。その分、心が通じる。

その晩は、マジットさんのご家族と友人がトルコ料理レストランで夕食会を開いてくれた。トルコのお酒「ラク」が振る舞われる。ウォッカのように透明だが、水をそそぐと白濁する。アニスのようなスーッとする刺激がありながらもほのかな甘みのあるお酒だ。新たな出会いに酒が進む。

ほどよく酔ったマジットさんが、中東の伝統楽器ウードを取り出す。西洋のリュート、日本で言うと琵琶のような弦楽器だ。マジットさんの末娘アイチャさんはプロの歌手である。父がウードを奏で、娘が軽やかに伝統歌謡を披露する。なんという贅沢な夕べ。言葉は通じなくとも、いや言葉が通じないからこそ、それ以外の手段で気持ちを伝える。むしろそちらのほうがダイレクトに響くのかもしれない。ペルガモンの夜はそうして更けていった。

聖地の中の聖地　ペルガモン図書館

翌日、いよいよあのペルガモン図書館の遺跡へ行けることに。アクロポリスと呼ばれる古代ペルガモン王宮の遺跡は高さ三〇〇メートルの丘の上にある。二〇一〇年一〇月にはケーブルカーで上れるようになったが、この頃はまだなく、車で上ることとなった。途中、丘の中腹にあるレストランで昼食をとる。運転兼ガイドのレヴェントさんは、昼食でラクをしこたま呑んでほろ酔いだ。

「じゃあ行こか」

え、っていうかこれから運転するの？　ガードレールもなくうねる山道のドライブは生きた心地がしない。聖地で命果てるのは本望、なわけない。

無事頂上のアクロポリスに着いた。ここから見下ろすベルガマは絶景だ。古代ペルガモンの王や学者たちが目にした風景を見ている。そして、思わず通り過ぎそうになったところで、レヴェントさんが言う。

「This is the library」(ここが図書館さ)

これか〜！　ここがあの伝説の図書館かー！　本当にあるんだ！　ホントに来たんだー！

この図書館で本を作るためのパピルスが取り寄せられなくなったために、羊皮紙が作られた。プリニウスに、「人類の不滅性が確立した」とまで言わしめた人類史上の大転換が、いま立っているこの場所で起こったのだ！

とはいえ、背景を知らなければ素通りしてしまうほど何もない。まさに「ザ・廃墟」。もっと言うと、崩れた壁に囲まれた単なる草地である。かつては巻物二〇万巻が収められていたらしいが、そんなにも収まるかなと疑問に思うほど手狭だ。

レヴェントさんは、草に埋もれかけている円形の石を指し、「ここには当時アテナ像が立っていたんだ」という。アテナとは、古代ギリシアの知恵と工芸、戦略の女神だ。現在は、ドイツ・ベルリンのペルガモン博物館に展示されている。今となっては廃墟と化してしまった図書館跡に立ち、崩れた壁に触れ、かつて壮麗であっただろう建物を想像する。当時の学者たちが見たであろう風景を眺めながら、こんな情景が浮かんでくる。


クラテス(ペルガモン図書館長)「おい、大変なことになった。パピルスが手に入らないらしい」

聖地の中の聖地　ペルガモン図書館跡

イロディコス（クラテスの弟子）「え、それってマズイですよね。これからどうやって本を書いたらいいんでしょう」
クラ「困ったな。そ、そうだ、あれを見ろ、あいつらを使えばいいんだ」
イロ「あいつらって？」
クラ「おまえ見えないのか？　ひつじだよ、ひつじ。あいつの皮に書けばいいんだ」
イロ「あいつの皮って、あんな毛深いの、どうするっつーんですか⁉」
クラ「毛を剥いで伸ばして削りゃ字書けるだろ！　そりゃ！」

　実際、物事はこんなに単純ではなかっただろうが、この場で起こったドラマを勝手に妄想する。

風呂場で羊皮紙を初めて作ったとき、作り方の手順が手元にあっても試行錯誤の連続だった。何の手がかりもない中で「羊皮紙」というものを生み出した偉大なる先人が、ここにいたのだ。

地面に触れて壁を撫で、アテナ像の土台に立ってみる。同じ場所を何度も行き来し、一人無言でこんなことを繰り返す。はたから見るとちょっとヘンな人に思えただろう。時間の感覚を忘れ、ずっと佇んでいたい気持ちだった。

ただ、実際に羊皮紙が作られていたのはアクロポリスではないらしい。アクロポリスの丘を車で下り、レヴェントさんが案内してくれたのは、また別の廃墟だ。それは案外最近のものに思える崩れた建物。一九〇〇年代に建てられた皮革工場だった場所とのこと。革なめしに使う薬品による川の汚染によりベルガマ市が川沿いでの皮革加工を禁止したため、一九八〇年代半ばに操業を停止したそうだ。この跡地のすぐ横にはヘレニズム時代の柱が残っているため、古代からここで革の加工や羊皮紙

ペルガモン図書館で感慨にふける

昔使われていた皮の加工槽

皮革職人専用浴場跡から見上げる

づくりが行われていた可能性もあるという。

　アクロポリスに住む上流階級のニーズを、丘の下の川沿いで職人たちが満たしていた当時の様子がリアルに想像できる。

　ベルガマの街を歩くと、その他にも皮革産業繁栄の片鱗が見られる。ベルガマ川にかかる橋のひとつは、皮なめし橋。そしてその橋を渡って少し歩くと一五世紀頃に建てられたオスマン朝時代の銭湯の遺構がある。トルコ語で「Tabaklar Hamamı」（タバクラー・ハマム）。訳すと「皮革職人銭湯」だ。専用風呂があるくらい、ベルガマでは皮革産業が栄えていたことがわかる。いつの時代にも、皮革職人に風呂場は欠かせないようだ（用途はさまざま）。

再びペルガモンへ　羊皮紙家族の結婚式

短いベルガマ滞在ではあったが、同じ羊皮紙を愛する者として、マジットさんと仲良くなった。別れ際にマジットさんは、トルコ語で「パーシュマン・アイレ」と言って抱擁を交わす。「羊皮紙家族」という意味だ。羊皮紙を通して、マジットさんの家族として受け入れてもらえた。

帰国して数か月後、マジットさんから流暢な英語でメールが届いた。どうもメールは、イスタンブールにいる英語が達者な息子さんに翻訳してもらっているらしい。対面で会っているときよりも、離れているほうが意思の疎通ができるのは何とも奇妙だ。

メッセージの内容は、「今度一〇月に娘のアイチャが結婚するんだ」。

ベルガマ初日の夜に美しい歌を歌ってくれたアイチャさんだ。単なる近況報告だったかもしれないが、ここは「パーシュマン・アイレ」（羊皮紙家族）としては放ってはおけない。

「ゲレジェイム！」（行きます！）

まさか最初に行って数か月後にまた聖地ペルガモンに行くことになるとは。もう「聖地」ではなく「家族のいる故郷」なのだ。

二〇一〇年一〇月、再びベルガマを妻とともに訪れ、マジットさんのお宅に初めてお邪魔した。塀に囲まれたおうちの門をくぐると、たわわに実った葡萄の木が迎えてくれる。そして広々とした庭がある。「おうち」というより「邸宅」だ。そして驚くことに、ギリシア文字が刻まれている古代ペルガモンの石碑が無造作に置かれているではないか。マジットさん宅は遺跡の上に建てられているのだろうか。母屋の中に入ると、ご家族や親戚が大勢集まっている。テーブルにはトルコの家庭料理がずらり。妻も親戚の奥様方にトルコ料理を教えてもらっている。まさに日本のお正月のような雰囲気で、家族の温かさが胸に染みる。

婚礼の日、「ペルガモン・パーチメント」のお店で男性親族だけが集まり、アイチャさんの送り出しが行われた。トルコ各地から集結したおじさま方と、お店で延々とチャイを飲みながら、女性親族側で送り出し会を行っているアイチャさんを待つ。ついにアイチャさんがお店に登場。父親であるマジットさんに感謝を告げて車に乗り込み、結婚式を挙げるイズミルへと旅立った。送り出した後のマジットさんは言葉がない。おもむろに楽器ウードを取り出し、感情たっぷりに曲を弾き始めた。言葉では表現できない想いの発露である。そこに集まっている親戚に加え、会って日の浅い私でさえ感涙にむせぶ。

結婚式はイズミルの会場で盛大に行われた。なんと式の開始は夜八時からである。この時間設定はなんだろうか。ベルガマから大型バス貸し切りで、アイチャさんの友人や親戚、家族を乗せてイズミルに向かう。出席者は新郎側の関係者も合わせて二〇〇名近くいたであろうか。マジットさんはベルガマ市の名士であることから、ベルガマ市の市長も参列しており、マジットさんに紹介していただいた。おおー、古代ペルガモン王エウメネス二世から代々続く首長の列に連なるお方だー！

　トルコの結婚式は、披露宴といっしょくたになっている。まずは市の役人の前で式が執り行われる。日本の結婚式のイメージとは違い、舞台の上に長机があり、新郎・役人・新婦の順で横並びに座る「記者会見」スタイルだ。新郎新婦が結婚の誓いをし、婚姻届に署名をして正式に夫婦となる。そして大勢いる参列者が次々に新郎新婦に挨拶に行き、紙幣を新郎新婦の衣装にペタペタとくっ付けていく（どうやって付けているんだろう？）。その後は歌手であるアイチャさんの歌と、カーヌーンと呼ばれるトルコ式琴の奏者である新郎の伝統パフォーマンス。参列者も立ちあがり、各々音楽に合わせてダンスを楽しむ。

　会場が盛り上がったところで妖艶なベリーダンサーの登場だ。腰をくねらせ踊るベリーダンサー。私もそのエキゾチックな音楽に合わせて揺れていると、急に背後から手が伸びて前に押し出された。前のめりになりながらベリーダンサーの真ん前に。つまり、新郎新婦と約二〇〇名の参加者の中心だ。いやいやいや、ムリムリムリと群衆の中に戻ろうとするが、やはりまた中心に押し出される。ベリーダンサーも自分のショーを邪魔されて怒るどころか、「カモン！」と手招きしている。これはもう状況的にやるしかない。学生時代に磨いたロボットダンスを踊って見せた。

　大いに盛り上がり、自分でも正直ちょっと気持ちよかった。でもハッと我に返り、そそくさと群衆のただなかに戻る。マジットさんたち羊皮紙家族にも、「いや～、ホント来てくれてよかった」と言われ、また少し距離が縮まった気がした。その後も派手派手披露宴は続き、最後は真っ赤なディスコ風フラッシュライトで全員でダンス大会だ。お年寄りから子供まで夜通し踊り、終わったのは早朝四時だった。

羊皮紙の聖地ペルガモンに行き、現代の「ペルガモン王」ベルガマ市長が見守る中ベリーダンサーと踊る——。人生では想定外のことが起こるものである。羊皮紙家族とのキヅナは強まった。

ベリーダンサーと踊る

イスタンブールのおしゃれ羊皮紙ショップ

ペルガモン・パーチメントでは、羊皮紙のアート作品を販売しているのだが、ではその羊皮紙はどこから仕入れているのだろうか。一部はイスタンブールからとのことで調べてみると、「Kare Deri」（カレデリ）というショップがイスタンブール新市街のベイオウルというところにあるという。ベルガマの結婚式参列ついでに訪れてみよう。

イスタンブールは大都市である。中でも、新市街はヨーロッパの都市のような高級ブティックが立ち並ぶ一方、路面電車がノスタルジックな雰囲気を醸し出している。外国人観光客で賑わう大通りから小径に入ると、小規模ながらもおしゃれなショップが軒を連ねている。その中の一つが、カレデリだ。

さすがイスタンブールの一等地に位置するおしゃれショップ。佇まいも洗練されている。ショップに入ると、レザーのバッグやアクセサリーが陳列されている。ある意味私にとっては異世界だ。行きつけの店と言えばホームセンターという私にとって、小洒落たブティックなど日本でも入ったことはない。住所を間違えたのだろうか。

事前に連絡しておいたオーナーのアハメットさんが出迎えてくれた。どうもここで合っているようだ。アハメットさんはドイツ語がわかるが英語はしゃべれないという。私が知っているドイツ語と言えば、「グーテンターク。イヒ ハイセ ケンジ ヤギ。イヒ リーベ ディヒ」（こんにちは、ヤギケンジと申します。愛してます）程度だ。役に立ちそうもない。またベルガマのように片言のトルコ語と大げさなジェスチャーで乗り切るか。すると、普段はアメリカ系ＩＴ企業に勤めているという奥様のファヒーレさんが英語通訳をしてくださるという。

ショップ内を案内いただくと、店の奥に羊皮紙グッズが置いてあるではないか。きれいな白い山羊皮で、プリントを施したしおりなどの商品に仕立ててある。たしかにベルガマでも見たことのある商品だ。羊皮紙カバーの手帳などオリジナル商品を作り、イスタンブールのトプカプ宮殿やアヤソフィア大聖堂のミュージアムショップなどにも卸しているそうだ。そんな有名な観光地で羊皮紙グッズが売られているとは！

アハメットさんによると、もともとは正面に陳列してあるレザーバッグやアクセサリーのメーカーだったという。二〇〇一年にアハメットさんの学生時代からの友人で、観光ガイドのアハメットさん（同名なのだ）が「トルコと言えば羊皮紙じゃね？」とアハメットさんに提案し、アハメットさんとアハメットさんが組んで羊皮紙の製造とグッズ展開を始めたという。

羊皮紙づくりのデモを見せてくれるアハメットさん

もともと大きなレザー工場をトルコのヨーロッパ側にあるエディルネという街に持っているため、小アジア半島の山羊皮をそちらに運搬して羊皮紙に加工しているそうだ。大工場で、一か月の羊皮紙生産枚数は平均一二〇〇頭分とのこと。規模が違いすぎる……。脱毛もヒ素系の薬剤を使っているとか。

「ヒ素」と聞くと、中世の修道院で起こった殺人事件を描いた映画『薔薇の名前』にある、「毒が塗られた羊皮紙写本をめくるために指を舐めた修道士が次々に死んでいく」という場面を想像してしまう。ショップでさんざん商品を触っているが、毒殺されないだろうか。ちょっとビビッていると、アハメットさんが「犬が舐めても全然大丈夫なほど中和してあるから、ノープロブレム」と安心させてくださった。

羊皮紙そのものの販売も行っているとのことで見せていただくと、まあなんとキレイな皮。山羊皮は動物の見た目同様、寒色系の白でひつじ皮とは雰囲気が違う。早速数枚購入し、戦利品として日本に持ち帰った。

「日本のペルガモン」滅ぶ

今まで「羊皮紙工房」イコール「風呂場」であった。青山学院大学の先生をはじめ、さまざまな人を風呂場に招き入れてきた。「日本のペルガモン」とも言えよう（大げさ）。

ところが、この栄えある風呂場を擁するわが安アパートが、老朽化のため取り壊されると大家さんから知らせが入った。つまり強制的に引っ越さなければならないのだ。さらば、初代羊皮紙工房。さらば日本のペルガモン……。

物件探しは、当然のごとく風呂場優先。なるべく羊皮紙づくりで汚れても罪悪感のない風呂場のあるアパートはないだろうか。

そして内見一軒目にして……出会ってしまった。昔ながらの小汚い風呂場で、しかも木枠を入れて作業ができるほど洗い場が広い。いや、他にはないでしょ、こんなスペース。即決だった。

そして引っ越しの日。ドアを開けると、そこに広がるのは内見時とは見違えるほど明るくきれいになった部屋。大家さんが気合を入れてリフォームしてくれていたらしい。真っ白な壁が心地よい。でも、イヤな予感がする……。肝心の風呂場のドアを開けると、そこに広がるのはまるでホテルのような高級感あふれるバスルーム。ここは風呂場じゃない、バスルームだ。一日の疲れを癒すラグジュアリーな空間。しかも元々の風呂場にパナソニックのユニットバスがパコッと入れられているため一回り狭くなっている。

使えない……。

ここで羊皮紙づくりをすると、罪悪感しか残らない。上品すぎて、汚せないのだ。そもそも、木枠を入れて作業ができるスペースがない。さすがのパナソニックも、羊皮紙づくりを想定した設計にはしていないらしい。

せっかく世界各地で羊皮紙づくりを学んできたのに、肝心の風呂場が使えないんじゃ、一体どうすればよいのだろう……。

古代ペルガモン図書館で突然パピルスが入らなくなったときの、絶望感とシンクロする。こんなときこそ、「パピルスがダメならひつじでいいじゃん」的な発想の転換が必要だ。クヨクヨしてもしょうがない。方針転換するしかない！

主な用途	長所や短所（どう捉えるかは用途による）
典型的な羊皮紙が欲しいという方 アンティーク風アート作品 映画や舞台の小道具	モノによるが、くすんだ色味が「羊皮紙」っぽい 脂の影響でインクや絵具を弾いたり、逆にカサカサで滲んだりすることもある
テンペラ画 家具の表面材 本の装丁	毛側を削っていないので毛穴など動物的な特徴が残っている 白く上品な風合いだが、イメージする「羊皮紙」っぽさに欠ける
カリグラフィー ボタニカルアート 護符	滑らかで文字も絵も描きやすい 3種の中で最も値が張る

羊皮紙輸入販売へ方向転換

いったん疲れて休止したが、今まではウェブサイトを見て希望する方に対して自作羊皮紙を販売してきた。それが不可能となった今、これまで訪れた羊皮紙ショップや工場から、羊皮紙を輸入してウェブサイトを通して販売することに決めた。

ひとまず先日トルコで買って持ち帰ってきた山羊皮を売ってみよう。自作羊皮紙の場合は製作に時間がかかるため、ウェブサイトでも積極的に「販売しますよ」とは記載せず、問い合わせをくださった方に対してのみの「裏メニュー」的サービスだった。でもこれからは製作期間を設けずにすぐお届けできる。ウェブサイトに販売ページを作り、積極的に売ってみた。

反応は上々である。早速数名の方から注文が入り、

羊皮紙工房で取り扱っている羊皮紙

動物	歴史的用途	特徴	色	主な輸入元
ひつじ	ごく一般的な写本や証書などの文書	脱脂のために毛側層を削り取っているためカサカサしているものが多い	脂が酸化して、くすんだクリーム色が多い	スペイン（毛側を削ったカサカサ系） パキスタン（毛側を残したムラのあるワイルド系）
山羊	イタリアやビザンツ帝国の写本	ミカンの皮のような毛穴が目立つものが多い	寒色系の白色が多い	トルコ（白色強めの上品系） コロンビア（クリーム色が強く動物感がある）
仔牛	欧州北方の写本や高級写本	毛穴はほぼなく滑らか。血管の跡が見えるものもある	温かみのある白色からクリーム色が多い	ドイツ（サテンのような抑えたツヤが上品）

イスタンブールの山羊皮を送る。失敗の怖れがないのでずいぶんと気が楽だ。追加でトルコに注文を入れると、まとまった頭数の羊皮紙が二〜三週間で届いた。

ただ、やはり日本では「羊皮紙」というだけあり、多くの方は羊皮紙と言えば「ひつじ」をイメージするだろう。扱っているのが山羊皮だけでは気が引ける。加えてヨーロッパの写本の多くは仔牛皮だ。ひつじ皮と仔牛皮もラインナップに加えた。

仕入先はさまざまだ。現在執筆時までに扱った国は、トルコの他にイスラエル（仔牛）、アイルランド（仔牛）、イギリス（仔牛）、アメリカ（ひつじ・仔牛）、ドイツ（仔牛）、スペイン（ひつじ）、コロンビア（山羊）、そしてパキスタン（ひつじ）である。（表「羊皮紙工房で取り扱っている羊皮紙」参照）

ウェブで検索したところが主であるが、これまで会ってきた羊皮紙関連の人づてで紹介してもらったところもある。パキスタンは、バーレーンにあるコーランの館のムハンマドさんからの情報だ。こう言っては失礼かもしれないが、パキスタンとの取引は意外にも効率的でスムーズに進む。

スペインは中世の羊皮紙と違わぬ品質で最高なのだが、日本とビジネス感覚が違いすぎるのが玉に瑕《きず》。発注をして支払いを済ませると、スペイン側からスマホのチャットで「来週送ります」とのメッセージ。その後三か月経っても音沙汰なしで連絡すると、「今作っているから来週」。それが続いて結局発注から半年後の納入となるようなこともしばしば。羊皮紙界の時間の流れは、羊皮紙誕生から二〇〇〇年という悠久の歴史の中で捉えるおおらかさが必要なのだろうか。歴史は好きだがその感覚には慣れない。慣れたとしても、さすがにこちらにもお客様がいるわけだ。入荷を待っていただいているお客様に、「羊皮紙は二〇〇〇年以上の歴史があってですねえ、うんぬんかんぬん」と講釈を垂れても呆れられるだけだろう。

あるときは、いつまで経っても届かないので、国際郵便の送り状写真を送ってもらった。宛先を確認すると、「…… Yokohama, Valencia」（バレンシア州横浜市）となっているではないか。さすがに届くはずがない。配達員さんがスペインのバレンシアで「お～い、ヨコハマってどこだよ～」と途方に暮れているかと思うと気の毒だ。

笑うしかない状況が多々発生するが、それでもやはり中世を彷彿とさせる羊皮紙の質は魅力的なのである。ミスがある度に、お詫びとしてオマケの羊皮紙をくれるチャーミングさも憎めない。

海外からは、羊皮紙を毎回約一〇〜一五頭分取り寄せ、必要に応じてカットして販売する。受注はほぼ毎日一定数が入る。この日本で、毎日どこかで誰かが新たに羊皮紙を手にしているということだ。誕生から二〇〇〇年もの時を経て、東の果てのニッポンで、羊皮紙が生きている。

「日本のペルガモン」（自称）こと風呂場が滅び、やむを得ず輸入販売に切り替えたことで、時給五〇〇円の苦境から脱し、羊皮紙から多少なりとも利益を得ることができるようになった。では豪遊三昧の生活になったかというと、生活レベルはまったく変わらない。なぜなら、生活費は翻訳の仕事で稼ぎ、羊皮紙の利益は中世の羊皮紙写本の購入に充てているから。新しい羊皮紙を売って、古い羊皮紙を買う――「羊皮紙循環経済」の成立だ。

では、一体どういう方が羊皮紙を買っているのだろうか。かく言う私自身も、日本においてこれほどまでニーズがあるとは思っていなかった。注文のメールを受け取るたびに、「へ〜、こんな使い方があるんだ〜」と新たな発見がある。

圧倒的に多いのはアーティストだ。カリグラフィーはもちろん、伝統技法のテンペラ画、ボタニカルアート、ペン画など多岐にわたる。羊皮紙という伝統的な素材を、現代アートで活かす作家さんもいらっしゃり、過去と現在の融合がおもしろい。

学校の先生や博物館などで教材として使うというケースも多い。本物の中世写本はなかなか触れられないが、現代の羊皮紙を触ることで昔の書物の感触を体験できるからだろう。

そして私自身羊皮紙を扱うまで知らなかった用途は「魔術」だ。できるだけ目的に適した羊皮紙をお送りするために、注文メールに用途を書いていただいているのだが、「おまじない」「護符づくり」「魔術」という内容が案外多い。どうも羊皮紙でお守りを作るとパワフルなものができるらしい。しかも、需要は天体の動きに連動しているようで、特に木星が巨蟹宮（かに座）に入る一二年に一度の年二〇一三年は、五人に一人が「護符づくり」での注文だった。このタイミングで作ると効果があるといわれる護符は、中世の魔導書『ソロモンの鍵』に登場する「木星四の護符」。その効果は、「持ち主に莫大な富と名誉をもたらす」！

そして今度一二年に一度のサイクルが到来するのは、二〇二五年。二〇二五年にこの本を読んでいるあなた！　今すぐ護符を作りましょう！　残念ながら逃してしまった方は、二〇三七年のチャンスを狙いましょう。莫大な富が、あなたの手に！（自己責任でお願いします。）

第七章

そして「羊皮紙専門家」へ

国際シンポジウムのオーガナイザーに

二〇一二年八月、ベルガマのマジットさんからメールが来た。また流暢な英語だ。
「こんど、ベルガマ市役所主催で、羊皮紙の国際シンポジウムを開くことになった。そこで、ケンジにオーガナイザーとして世界中から登壇者を集めてほしいんだ」

羊皮紙発祥の地ベルガマで、羊皮紙の国際シンポジウム！　これは画期的なイベントではないか。しかもオーガナイザーとして運営に関われる。さらに、今回のイベントはベルガマ市がユネスコに世界遺産登録を申請する上で重要なイベントとなるらしい。やる気のブースターに火が付いた。

これまで海外で会ってきた羊皮紙関係者や、メールでやり取りしたことのある羊皮紙専門家、そして羊皮紙の仕入先に片っ端から連絡をする。

二つ返事で即決だった参加者も何名かいたが、意外なことに各国の羊皮紙メーカーは参加におよび腰なのだ。どこもあまり自社の製造技術を公開したり、交流を持ったりすることには乗り気ではないらしい。中世の時代から、羊皮紙業界は秘密主義だと言われてきた。現代においてもそうなんだということを実感する。

この機会に、私に羊皮紙づくりを教えてくれた「大恩人」、オランダの羊皮紙職人ヘンクさんにもお誘いのメールを出してみた。さすがに今度は二年も待てない……。すぐに返信が来たものの、体調を崩されて参加はできないとのこと。直接会ってお礼を言いたかったのだが、残念。事あるごとにヘンクさんに頼ってきたが、独り立ちのときということか。

大勢は集められなかったが、なんとか登壇者を確保できた。今度は、主催のベルガマ市役所の世界遺産部門長から直々にメールをいただいた。内容は、「シンポジウムで羊皮紙づくりのワークショップを行っていただきたい」。

羊皮紙の聖地ペルガモンで、しかも世界各地から集まる羊皮紙専門家の前で、羊皮紙づくりを主導する……!?

えっ、それって、すごいじゃん！　是非ともやりたい！　と思ったのも束の間、次第に事の大きさに気付いてゆく。とっても光栄なのだが、やはりちょっと荷が重すぎる。だって、海外の図書館で羊皮紙の修復を専門にしている人や、アメリカで羊皮紙をバリバリ現役で作っている職人がいるのに……。その人たちにやってもらったほうがはるかにいいでしょ。しかも「なんで日本人が？」って、みんな思うでしょ絶対！

聖地で羊皮紙づくりを教える名誉と、ずっしりとのしかかる重荷。

天秤にかけると、重荷が勝った。丁重に他の人のほうがふさわしい旨を市役所側に伝える。が、そんな深く深く悩んで送ったメールの返事は、「ぜひともケンジ様にお願いしたいと思っております。もちろん大丈夫ですよね？」というノリだ。たしかに他の参加者は専門家とはいえ、ベルガマ側からすると見知らぬ人。「羊皮紙家族」とまで言ってもらえる関係となった今、ありがたいながら信頼してくれているのだろう。はたまた、結婚式にいらっしゃった市長さんが、「あのロボットダンスの日本人、気に入ったゼ！」と独断と偏見で決めてくださったのか。

結局依頼を受けることとなった。とても光栄だが、やはり、お、重い……。でも、ここまで来たら、ひるんでなんかいられない。バーレーンでコーランの館の館長が見せた曇り顔が脳裏をよぎる。今こそ、世界から集う専門家の前で堂々と「羊皮紙の専門家です」と自信を持って言うときだ。海外で散々羊皮紙の現場を見てきたではないか。風呂場での苦労を今実らせずしてどうするの？　ぬぁー、よっしゃー、やったるぞー！

いざ行かん、風呂場からペルガモンへ！

やるとなったら、キチンとやりたい。気合だけでは空回りする。覚悟を決めて入念に準備を重ねることにした。ワークショップとは別に、発表も行わなければならない。スピーチと、ワークショップでのあらゆる可能性や質問を想定して英語で話す練習だ。家の近くの河原に行って、モソモソしゃべる。独り言を呟いていると怪しまれるので、スマホで人と話しているフリをする。

準備万端。二〇一三年五月七日から一三日までの日程で、いざペルガモンへ！

スピーカー兼オーガナイザーとなると待遇が違う。ベルガマ市からのご招待で、成田からイスタンブール、イスタンブールからイズミルまでビジネスクラスで快適な空の旅。エビに生ハム、赤ワイン——トルコ航空が誇る「空のレストラン」の格別なディナーを堪能する。とはいえ、このままバカンスモードになってはマズい。フライト中は、映画も観ずにスピーチとワークショップの内容を頭に叩き込む。

ガンコ一徹　イスマイル親方

三度目のベルガマだ。今回は大きなミッションを抱えてやってきた。イズミルの空港に市役所からの車がやってきて、ベルガマまで送迎してくれる。

さらに、今回はある謎の人物に会えることにもなっていた。ペルガモン・パーチメントで使っている羊皮紙の一部はイスタンブールのカレデリから仕入れていることはわかった。でも明らかに質の違う羊皮紙がほとんどだ。以前マジットさんに伺った際には、「ベルガマで作っている人がいる」というぼんやりした情報しか得られなかった。やはり言葉の壁は大きい。

今回は、英語が堪能なベルガマ市役所のネスリン・エルミシュさんが付いてくれる。ネスリンさんと、ペルガモン・パーチメントのアーティストであるデメットさんは、今回のシンポジウムのためにある人のところに弟子入りをしたという。それは、ベルガマで羊皮紙づくりをしている「イスマイル親方」ことイスマイル・アラチ氏。一九三三年生まれの御年八〇歳、現役の羊皮紙職人である。皆から親しみを込めて「イスマイル・ウスタ」（イスマイル親方）と呼ばれている。

イスマイルさんは、まだベルガマで皮革産業が栄えていた時代から職人として働いているらしい。重金属系薬剤など有害物質を使っていた業者は規制により廃業となり、現在手作りで皮革加工をしているのは天然素材だけで勝負してきたイスマイルさんただ一人になってしまった。羊皮紙はペルガモン・パーチメントからの依頼で作っており、メインはブーツなど革製品用のレザーを作って生計を立てているそうだ。

イスマイル親方は昔ながらの職人気質。当初ネスリンさんとデメットさんが「弟子入り」を希望してきたときには、「うらぁー、てめえらに何ができるってんでぃ！」的な勢いで依頼をはねつけたという。それでも引き下がらない二人の熱意に免じて、羊皮紙づくりを教えるようになったとのこと。

今回はペルガモンの羊皮紙づくりの流れを引き継ぐ職人、イスマイル親方にお会いできる。期待に胸を膨らませつつ、ネスリンさんに車でベルガマ川沿いの工房に連れて行ってもらった。道路脇に車を停めると、すぐそばに小規模な石灰精製所がある。イスマイルさんの工房とは別の施設なのだが、皮の脱毛のための石灰をいつでも調達できる便利な場所だ。さらに徒歩で進んでいくと茂みに入り、細い小川に急ごしらえの簡易な橋として細い板が渡してある。なかなかワイルドな立地でさらに期待値が上がってゆく。橋を渡ってしばし歩くと、無残に崩れた古い小屋があり、その隣にこれまた今にも崩れ落ちそうな石造りの小屋が見える。これがイ

石灰精製所　白い部分はすべて石灰

イスマイルさんの工房　山上にアクロポリス（左上）を望む

スマイルさんの羊皮紙工房だ。

小屋の前に佇んでいるのは、小柄でスリムな白髪のおじいさん。イスマイル親方である。まるでハリウッド俳優クリント・イーストウッドのような精悍さだ。さすが、八〇代になっても現役で体を動かしているだけある。イスマイル親方はトルコ語しか話さず、物静かで穏やかな方だ。ネスリンさんから聞いた「てめえらに何ができる!」系の印象はまるっきり受けなかった。でも仕事に取り組む表情は厳しく、真剣そのものだ。

それにしてもこのロケーション! 崩れかけの石造りの小屋が雰囲気たっぷりなこと以上に、見よこの光景を! なんと山上に佇むペルガモンのアクロポリスをバッチリ拝めるのだ! ここは夢にまで見た桃源郷ではなかろうか。ネット検索でも全く出てこない、秘

羊皮紙づくりをするイスマイル親方(と削いだ肉を狙う猫)

聖地ペルガモンで羊皮紙づくり

境中の秘境だ。

国際シンポジウムのワークショップは、このイスマイルさんの工房で行うことになっている。手順は、イスマイル親方とネスリンさん、デメットさんが作業のデモをする中、私が今何をやっているか、どういう原理なのかなどを事細かに説明するという流れとなる。

ワークショップの打ち合わせをしながら、当日使う原皮や羊皮紙の準備をする。あのペルガモン遺跡を望みながら羊皮紙づくりができる日が来るなんて、皮を削りながら、まさに夢の中にいるような陶酔状態に陥った。

聖地で羊皮紙づくりを教える

国際シンポジウムのために、そうそうたるメンバーが各国から市役所の会場に集結してくる。トルコをはじめ、アメリカ、イスラエル、デンマーク……。皆それぞれの国を代表するような羊皮紙専門家たちである。「代表するような」と書いたが、そもそも各国に一人くらいしかいないので、ほぼ自動的に代表者となるのが羊皮紙界のよいところ。私もその一人である。

シンポジウムはベルガマ市のメフメト・ギョネンチ市長からの挨拶で幕を開けた。四〇代と若く、参加者一人ひとりの目を見て固い握手を交わす姿は、新進気鋭のやり手政治家とみえる。二期連続当選を勝ち取っている市長で、市民からの信頼も厚い。

今回の国際シンポジウムは、羊皮紙だけではない。ローマ帝国時代のペルガモン出身の医学者ガレノスもテーマの一つだ。羊皮紙の専門家とガレノス学者、そしてその話題に興味のある約一五〇名のオーディエンスが市庁舎に集まっている。

トルコ文化観光省のニル・バイデル氏（左）と
羊皮紙の発表を行う私（右）

トルコ文化観光省のニル・バイデル氏の発表は、トルコにある羊皮紙コーランの保存・修復の問題について。図書館職員が羊皮紙と紙との違いを認識していないため、羊皮紙コーランの冊数など正確な記録さえない状態であるという。書物の専門家が羊皮紙と紙の違いさえ識別できないというのは、正直驚いた。でも、それだけ平滑になるよう入念に作られている羊皮紙なのだろう。実際、数年前ダマスカスで見た羊皮紙コーランは単なる白い紙と見間違えるほどであったため納得だ。

デンマーク王立図書館羊皮紙修復専門家のユージ・ヴヌーチェク氏からは、自らの羊皮紙づくりの体験に基づいて、図書館に所蔵されている羊皮紙写本のページに残るムラや模様から動物の部位を特定する試みについて発表された。このマニアックさは大いに共感できるものがあり、僭越ながらも同志に出会った感激を噛み締めた。

自分の発表タイトルは、「極東における羊皮紙文化の創出」。自分の羊皮紙づくりの活動や、羊皮紙が日本でどのような使われ方をされ、どのような展望があるかを話した。普段羊皮紙を扱っている他国の専門家も、「そういう活用法があるとは初耳だ」と興味深げだ。とはいえ一番聴衆のウケがよかったのは、「風呂場で羊皮紙を作っている」というポイントだった。

一連の発表の後会場を移動し、いよいよ羊皮紙づくりワークショップである。始まる前からバタついている。学会の「あるある」で、発表者の話が長く、ワークショップの開始時間がかなり遅れてしまっている。そのため、トルコ語通訳者が時間なので帰ると言い始めたらしい。通訳さんがいてくれないと困るので、市役所側で交渉し何とか引き留めた。

会場となるイスマイルさんの工房に、大勢の聴衆が集まってくる。メディアの取材もあり大盛況だ。そして、周りが一段と騒がしくなる。ベルガマ市長のお目見えだ。

さあ、会場が整った。ペルガモン、羊皮紙講座の始まりだ！

「Welcome to the parchment making workshop in Pergamon!」（ペルガモン羊皮紙づくりワークショップへようこそ！）

羊皮紙づくりワークショップ in ペルガモン

河原でスマホ片手に練習したとおり、意気揚々と開幕の言葉を発する。ああー、なんだか楽しみになってきた！

私が各工程の前に短く作業の紹介をし、イスマイル親方、デメットさん、そしてネスリンさんが実際に作業を行うという手はずだ。設定としては、イスマイルさんが親方で、二人の弟子が隣で頑張っている姿を皆さんに見ていただくという主旨。ところどころ作業のポイントを私のほうから解説する。工程をすべて行うと時間がかかりすぎるため、料理番組方式で次の工程で使う皮はあらかじめ準備しておき、頃合いを見て次の作業に移してゆく。

見学者の方々は熱心にメモをとったりして目の前で繰り広げられる作業に釘付けだ。

「……で、ここがポイントなんですが、この皮を～」

と順調に説明をしていると、突然、

バキ！　ガタ！　ドボン！　キャー！

え？　ちょっ……何だ？　何があったんだ⁉

デンマーク王立図書館のユージさんが皮なめし溶液が溜まっている水槽に落下してしまったのだ。ちょうど陣取った場所が、水槽の木のフタの上で体重に耐えられずに割れてしまったらしい。

辺りが騒然とする中、水槽から上半身がヌッと現れた。

「アーイム　オーラーイ」（大丈夫大丈夫）と右手を挙げてアピールする。幸い比較的浅かったようで、ひざ下がなめし液に浸かった程度で済んだ。

さすがにこの展開は想定していない。あまりシリアスにしないよう場を和ませる努力をする。が、一番動揺しているのは私だ。

と、イスマイル親方が突然いなくなり、帰って来ない。どうもタバコを吸いに行ったらしい。始めはイスマイルさんがワークショップをリードすればよいのにと思ったのだが、理由がわかった。仕切りを任せるにはマイペースすぎるのだ。世界各国の専門家、メディア、そしてベルガマ市長の面前で、本番中にタバコ休憩……。さすが親方、余裕のメンタル。小心者の私としては見習いたい。

……とも言っていられない。もうイスマイル親方なしで進めるしかない。まあ、同じ作業を三人でやっているのだから特に影響はないだろう。

日本でバッチリ準備してきた流れから次第に離れてゆく。もう臨機応変に都度対応していくしかない。作業説明をし、その様子を見てもらっているだけではだんだん会場もダレてくる。英語でしゃべった後にトルコ語の通訳が逐一入るので間延びする。そうだ、参加者に体験いただこう。

「この作業やってみたい方？」

すかさず、最前列の男性がサッと手を挙げた。なんと、ベルガマ市長だ。

さすが、わかってらっしゃる！　ベルガマ市長が前に出て、エプロンを着けてナイフを持つ。市政ではまずありえない姿に、メディアも色めき立ちカメラが回る。

ひつじの脱毛をする市長。普段の政治の世界から離れ、心から楽しむ少年のような笑顔が素敵だ。

その後は木枠張りから削りまで、簡単な説明をして参加者が入り乱れて体験をする。シンポジウム用のスーツが汚れるのもお構いなしに、大はしゃぎで羊皮紙づくり。まさにこの間のダンスダンス結婚式のように全員参加で盛り上がる。

羊皮紙づくりって、こんなに楽しいものなんだ。

風呂場で初めて毛を抜いたときの新鮮なトキメキが蘇ってきた。

ワークショップの話を受けたときは、勝手に重荷を感じていたが、周到に準備した説明をするよりも、参加者自身が手を動かし、身体で感じることほどパワフルなことはない。みんなで作った羊皮紙は、みんなにとってかけがえのない思い出となった。

脱毛するベルガマ市長（左）とネスリンさん（右）

みんな入り乱れて羊皮紙づくりを体験

ベルガマ市長より羊皮紙の感謝状をいただく

羊皮紙が結ぶ固い絆

終了後、ベルガマ市長からシンポジウムの功労者一人ひとりに、自身の署名入りの感謝状が手渡された。もちろんその感謝状はベルガマのシンボル、羊皮紙である。

羊皮紙の聖地ペルガモンでの羊皮紙ワークショップは、みんなで作り上げたものとなった。まさにそこにいる全員が、「パーシュマン・アイレ」＝「羊皮紙家族」だ。

シンポジウムが終わり、それぞれが帰途に就く前、各国の羊皮紙「同志」が別れを惜しんだ。ワークショップで作った羊皮紙をカットし、その切れ端にそれぞれが自国の言葉でメッセージを書いて分かち合う。すると、水槽に落ちたデンマークのユージさんが草むらに消える。「また失踪した」と思いきや、なにやら石を五つ持って現れた。その場にいた五人に一つずつ渡し、こう言った。

「そなたらにペルガモンの石を授ける。われらが集った友情の証だ。また次に会えるよう、大切に保管したまえ」

冗談まじりとはいえ、ユージさんの仙人のような風貌から、何か不思議な力を持った「賢者の石」を授かった気がした。

羊皮紙のメッセージカードと友情の石は、二〇二四年の今となっても大切に保管してある。

いつかまた再会できるときを夢見て。

「友情の石」の儀式

固い絆でつながった羊皮紙チーム

おわりに

羊皮紙を追って見つけた宝

それにしても、ずいぶん遠くまで来たものだ。

風呂場からエルサレム、大英図書館にペルガモンまで。あのミステリアスな「紙」、羊皮紙についてもっと知りたいという想いひとつで駆け巡ってきた。

羊皮紙ってなんだろう。どうやって作るんだろう。中世と同じものを作る秘訣はなんだろう。どういうところで生まれたんだろう……。

ときには新たな発見で歓喜し、ときには挫折に打ち震え、先人の業に驚愕し、ほとんどいつもニオイと脂にさいなまれた。紆余曲折を経ながらも、「羊皮紙」というモノだけでなく、それを取り巻く文化や思想、そして人々に関するパズルのピースを一つひとつ集めてきた。当時は失敗だと思ったこと、無駄だと感じたこと、理解できなかったこと――それらもすべて、このパズルを完成させるためには必要不可欠だったのだろう。

この冒険で出会った数々の人々――どこの誰だかもわからない日本からの単なる物好きを、

木枠に張った羊皮紙に寄せ書き

精一杯歓待してくださった。その方々との出会いこそ、私にとっては羊皮紙という地図が導いてくれた宝だ。

羊皮紙づくりで素敵な笑顔を見せてくれたベルガマ市長。すっかり日本好きになってくださり、その後二回も来日。東京ビッグサイトで開催された旅行博で、「羊皮紙発祥の地ペルガモン」をアピールされていた。イスマイル親方の作った羊皮紙を木枠に張り、来場者の方々にメッセージを書いていただく。羊皮紙は、日本の来場者からの心温まるメッセージで埋め尽くされた。

「トルコに行きたい」「本場のベリーダンスを見てみたい」「ベルガマ市長さん、また日本に来てね」「トルコ大好き」「日本とトルコのきずな」……。

誕生から約二〇〇〇年を経て、羊皮紙がアジアの西と東をつないだ。

集めた写本の使い道

二〇〇七年から二〇二四年まで、資料として集めた羊皮紙アイテムは二〇〇点あまりとなっている。改めて数字を見るのは実は怖い。一体いくら費やしたのかあまり考えたくないからだ。でもその一点一点から学びがあった。見て、触って、計測して。美術館で眺めているだけでは得られない、自分だけの体験学習だ。

では、それらの羊皮紙は今どうなっているのだろうか。一点一点額に入れて壁に飾り、ぬくぬくとコーヒーを飲みながら目を細めて眺めている――のが理想だが、あいにく家にはそんなスペースはない。クリアファイルに入れて、押し入れ用プラスチックケースに収納してある。

でも、それだけではもったいない。やはり何かに活用したい。

たまに行う大学の授業では、羊皮紙の概要を説明した後で、学生に封筒を配る。中身は空けてのおたのしみ。「せーの」で開けてもらうと、本物の中世写本のページが入っている。

「数百年前の羊皮紙写本、ぜひ袋から出して素手で触ってみてください!」

始めは恐る恐るだが、多くの人が初めて触れる中世写本。次第に教室に声が響く。

「え、ヤバーい。うっす!」

「字ちっちゃ! うっわ、これ書いた人、マジ神!」

「エモ!」

アラビア語より難しい単語が飛び交う。

学生のテンションが徐々に上がり、私が何もしないでも写本の力で盛り上がってくれる。生き生きとした声を耳にしながら、「自分も初めて羊皮紙に出会ったときは感動の連続だったよな〜」と遠い目をして感慨にふける。新鮮な感想に触れることで、毎回心が洗われるようだ。

また、不定期ではあるが、書店の広い会場などで、これらの写本を展示する機会もある。自宅のプラケースに押し込んである羊皮紙アイテムを会場一面に並べると、我ながら「これって家のどこに入ってたんだろう」と思うほどのボリュームだ。でもそれらは単なる「数」ではなく、一つひとつにストーリーが詰まっている。羊皮紙の毛穴が物語る動物の姿、羊皮紙職人の入念な削り跡、そして筆写職人の血のにじむような努力。

自分が写本を買い、手に取って、観察し、計測し、実験し、背景情報を調べて感じたそのトキメキを、来場者の方々にできるだけ感じていただきたい。そんな思いで解説ラベルを丹念に書き、展示方法を工夫する。公共の美術館や博物館とはひと味違う、個人の所有物だからこそできること。見るだけではなく触っていただく。蛍光灯の下だけでなく、暗闇の中ロウソクを模したランプの下で、ゆらめく炎に呼応してきらめく金の輝きを感じてもらう。

羊皮紙がファンタジーアイテムではなかった時代、数百年前の中世の人々が指先で触れていた羊皮紙の感触、暗闇の中で目にしていたきらめき。羊皮紙写本を「体験する」ことで、時空を超えて先人とつながる――その意味で、羊皮紙は本当に魔法のアイテムなのかもしれない。

まだまだ続く羊皮紙探究

こう書くと、もうすでに羊皮紙のすべてをしゃぶりつくして、「あとは頼むぞい」と次世代に託し、隠居生活を画策しているように思われるかもしれない。まあ、確かに初めて羊皮紙を知ったときの、乾いたスポンジがジュージュー水を吸うような貪欲さは薄れてきたかもしれない。でも、そこは歴史の大半でご活躍なされた羊皮紙さま。知り尽くしたと思ってもまだまだ奥は深いのだ。その深淵の闇を照らすのは、先端テクノロジーの光。

羊皮紙に関わって以来の趣味として、写本の羊皮紙に残る毛穴をジ～ッと見て、元の動物を当てることを密かな喜びとしてきた。かといって、答え合わせシートなどがあるわけではない。自分の動物予想が合っているかどうか確かめようがないのだ。ところが、なんとイギリスのヨーク大学で、羊皮紙のタンパク質を分析して動物を特定する「羊皮紙動物分析サービス」を行っているという。しかも、貴重な写本を破ったりすることなく、消しゴムで隅の方をチョコチョコッとこすって出る「消しカス」を送ればいいらしい。消しカスに巻き取られたタンパク質を実験室で抽出し、レーザー光線を当てると、動物固有の波形が出るとのこと。

これはやるしかないっしょ！　自らの鑑定眼の精度を、この機会に確かめよう。手持ちの写本一〇点を消しゴムでこすって、その消しカスを国際郵便で送付。郵便局で、品名を書いてくださいと言われて「文房具」と書いたところ、「もっと具体的に」と言われ「消しカス」と記載せざるを得なかったが、余計怪しくないか？

待ちに待った分析結果が届いた。事前に予測しておいた動物と照らし合わせると――一〇点中九点が正解！　とはいえ、これだけ長く羊皮紙と付き合ってきて満点を取れなかったということは、「まだまだ修業が足らんのう」と言われても返す言葉がない。

写本を消しゴムでこする
この消しカスに生物学的情報が満載

この分析では、条件がそろっていれば、なんとその動物の親子関係や兄弟関係までわかるのだそう。「このページはお兄ちゃん、こちらのページはお母さん」という、微笑ましいのかどうだかわからない事実まで判明するのだ。

現在世界中にある羊皮紙写本のすべてでこのような科学分析を行ったらどうなるか。羊皮紙から中世の牧畜の様子が具体的に浮かび上がるだろう。それにともない当時の飼料、気候、家畜の健康、食文化などさまざまなことが見えてくるかもしれない。

そう考えると羊皮紙という物質自体が、膨大な情報を保存している超薄型メモリカードのように思えてくる。これから登場するまだ見ぬ技術で、歴史を覆すようなビックリ情報が引き出せるかもしれないと思うと胸が高鳴る。今、目の前にある一枚の羊皮紙写本。ここにどのような暗号が秘められているのだろうか。

羊皮紙の探究に終わりはない。手つかずの時代もあるし、行ってみたい場所も数多い。たまに羊皮紙づくりもするが、まだまだ改善の余地はある。そもそも自分にとっては、「終わらせる」ことが目的ではない。探究の過程での新たな気付き、かけがえのない出会い、見たことのない世界……。羊皮紙に出会ってから二〇年近く経った今でも魅かれ続ける理由は、まさにこの終わりのない旅だろう。この旅路を精一杯楽しみたい。これからもその名の通り、「羊皮紙のヤギ」として。

あとがき

二〇二四年六月に行った羊皮紙の展示会で、「本を書きませんか?」というお話をいただいた。「羊皮紙についての本」ではなく、「羊皮紙を探究している八木さんについての本」をぜひ、とのこと。羊皮紙についてだったら、いろいろなところで話をしたり文章を書いたりしてきたけれど、いざ「自分」のこととなると、う〜ん……何を書いたらいいのだろう。

何はともあれ、二〇年近く前の記憶を辿って書けることから書いてみよう。すると、案外筆が進む。あのエピソード、あの喜び、あの衝撃——。セピア色の記憶が、生成ＡＩにかけたように色づいてゆく。ただ、記憶は往々にしてねじ曲がったり美化されたりするものだ。創作ではなく事実をお伝えしたい。地層のようにモノが詰め込まれた押し入れから、過去の資料を掘り出した。日の光を一切浴びていないため、死海文書並みに保存状態がよい。十数年ぶりに見るノートには、当時のメモがびっしり。若い頃の自分、やるではないか。記憶と記録、写真とメール——バラバラの断片を繋ぎ合わせていくと、羊皮紙を追いかけてきた自分の姿が立体的に浮かび上がってきた。

と同時にはっきりと見えてきたのは、わき目もふらずにひた走る自分を支えてくださった方々の姿。特に、夜な夜な風呂場で毛を抜いている私を温かく見守ってくれた妻には、感謝の言葉しかない。本書に掲載されている私の写真は、ほとんど妻が撮影したものだ。ちなみに、「おわりに」の写真で羊皮紙に寄せ書きをしている小さな女の子は、我が娘。生まれたときから羊皮紙に囲まれた「羊皮紙ネイティブ」として、すくすくと育っている。

自分の顔は自分では直接見ることができない。本書の指揮を執ってくださった編集者の近藤さんは私にとっての「鏡」となり、きちんと人さまにお見せできる内容となるように「身だしなみ」を整えてくださった。

本書を手に取りここまでお付き合いいただいた皆様の中で、「羊皮紙は人生に欠かせない」と感じている方はほとんどいらっしゃらないだろう。しかし、かつて羊皮紙が人間にとって不可欠な存在であったこと、そしてその羊皮紙が持つ魅力や、それに携わった先人たちの想いを、本書を通して少しでも感じていただけたなら嬉しく思います。お読みいただきありがとうございました。

二〇二四年一一月　横浜にて

八木健治

口絵の説明

総扉　・ひつじの原皮から初めて作った写本作品。つたないながらも、ここからすべてが始まった原点（ひつじ皮、著者作）*

P ii　・アンティーク風の羊皮紙巻物（ひつじ皮、著者作）*

P iii　・上：集めた中世彩飾写本の数々（1450～70年頃、イタリア、フランス、フランドル、著者蔵）

・下：ビザンツ帝国のギリシア語写本模写（ひつじ皮、著者作）

P iv　・上：旧約聖書「エステル記」ヘブライ語巻物（1600年代、ヴェネツィア、山羊皮、著者蔵）

・下：死海文書「モーセの十戒」印刷レプリカ（山羊皮、著者作）

P v　・上：15世紀フランスの時祷書模写（ひつじ皮、著者作）

・下：さまざまな動物の羊皮紙（左から、仔牛皮、ひつじ皮、山羊皮、鹿皮）*

P vi·vii　・ドミニコ修道会「ロザリオ兄弟会」入会証書（1577年、イタリア、ひつじ皮、著者蔵）*

P viii　・上：皇帝に献呈される豪華写本レプリカ（著者作）*

・右下：豪華写本（上）中頁の細密画（仔牛皮、著者作）*

・左下：初めて作った自作羊皮紙写本の装丁（著者作）*

＊印：撮影 キンマサタカ（パンダ舎）

巻末付録

犬ガムで羊皮紙づくりプチ体験

犬ガムは**牛の皮**でできています。身近なもので羊皮紙を作ってみましょう。

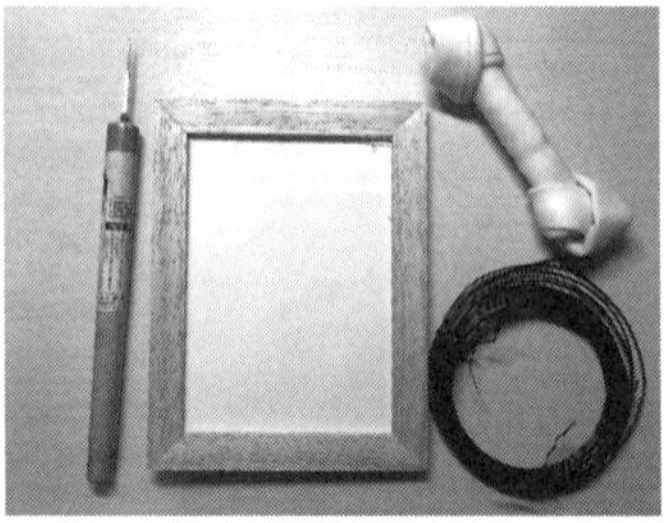

1 **準備するもの**：犬ガム（Mサイズ、白いタイプ）1本、木製写真フレーム（A5サイズぐらい。木枠のみ使用）、ビニール被膜の針金（約140cm）、サンドペーパー（800番くらい）、キリ、洗面器

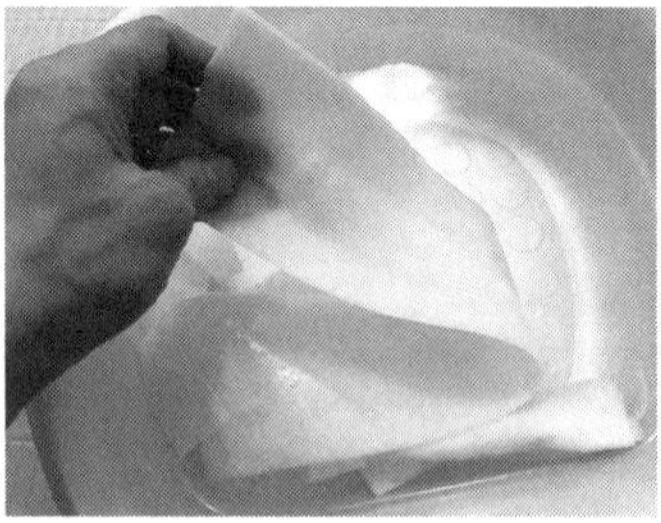

2 水を入れた洗面器に犬ガムを半日くらい浸して生皮に戻す。

3 皮を写真フレームの木枠の内側に収まるようにカット（木枠内側と皮の間に1cmぐらい空きが出る程度）。

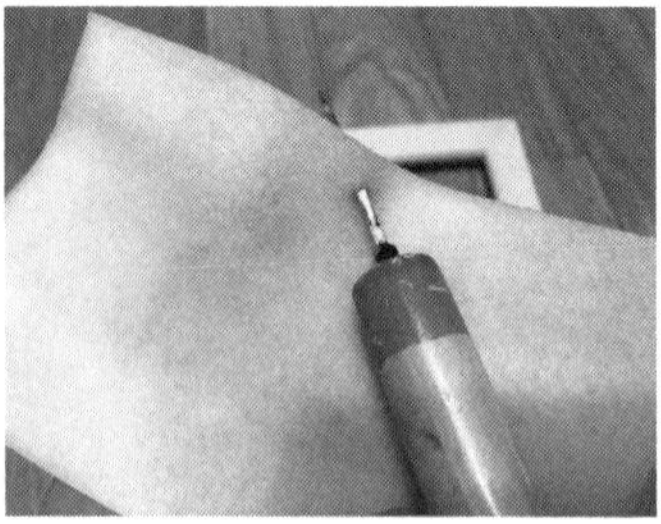

4 皮の縁から1cm内側にキリで穴を開ける（四隅とその間に等間隔で長辺3か所、短辺2か所。合計14か所）。

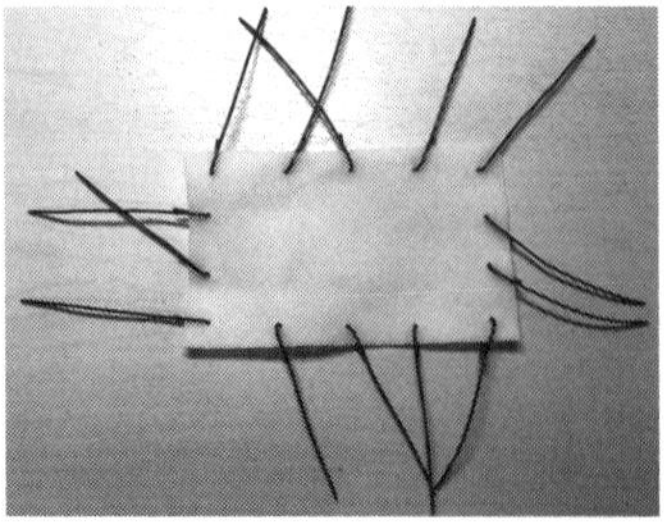

5 針金を10cmにカット。皮の表（皮自体はどちらを表にしてもOK）の穴から通し、1cmくらいで折り曲げる（14か所とも）。

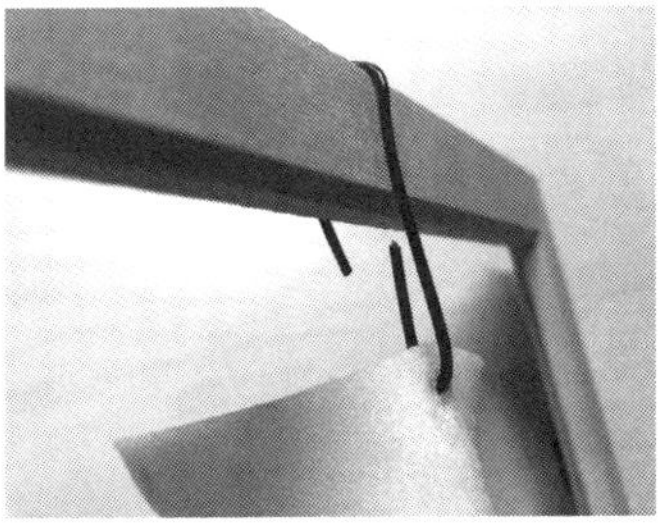
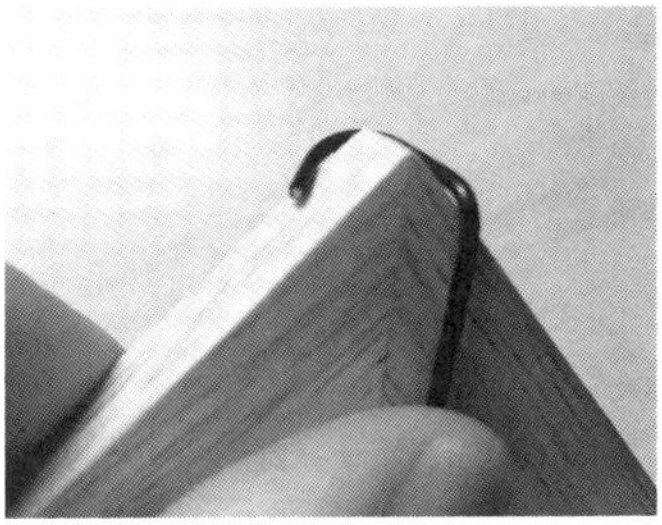

6 皮が木枠の中央に来るように木枠に針金を引っ掛け、裏側で折り曲げていく。角は引っ掛けづらいので木枠に巻き付けるようにする。

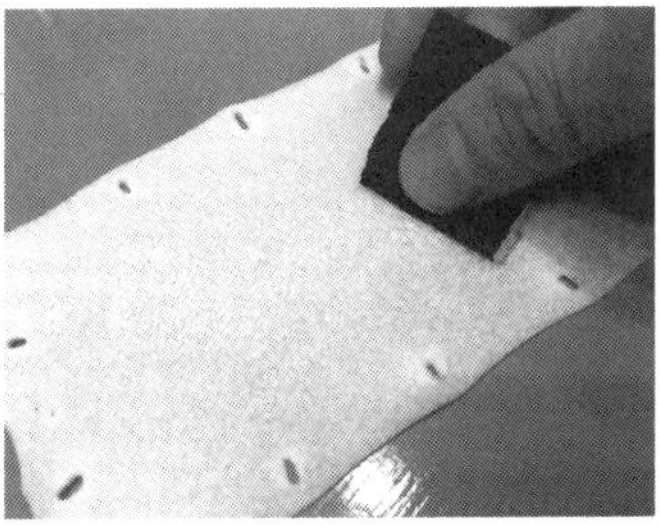

8 木枠から皮を外し、表面をサンドペーパーで研磨する。

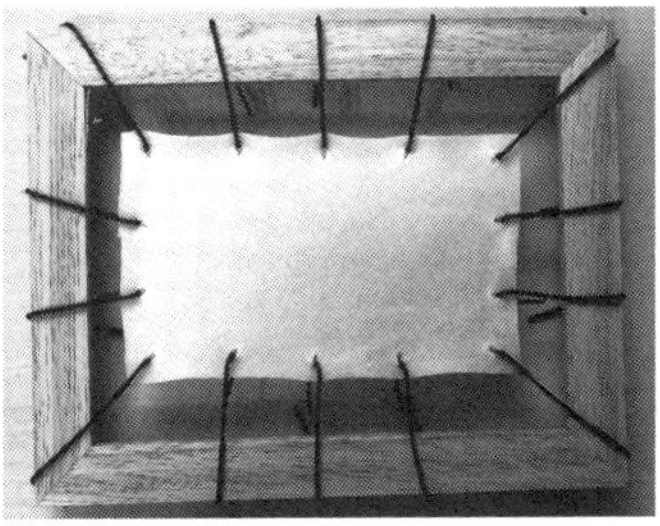

7 全体に引っ張り具合を均等に調整し、風通しのよい場所で1日乾燥させる。あまり引っ張りすぎると穴が裂けるので注意。

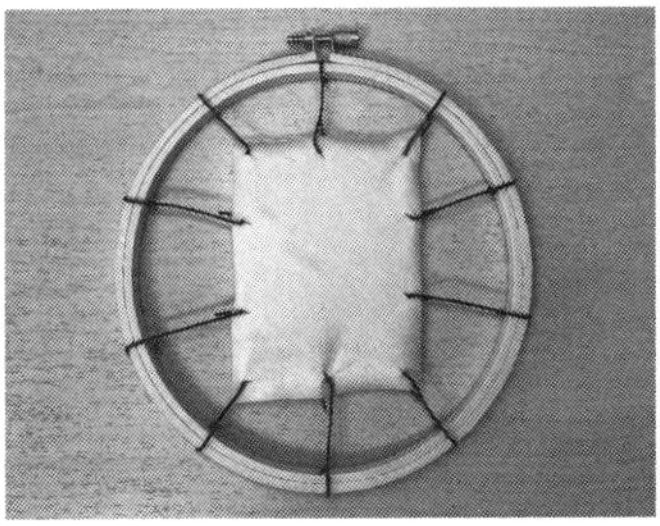

応用編

小さめの刺繍枠を使うと、12世紀の羊皮紙づくりのような円形枠での体験ができるよ！

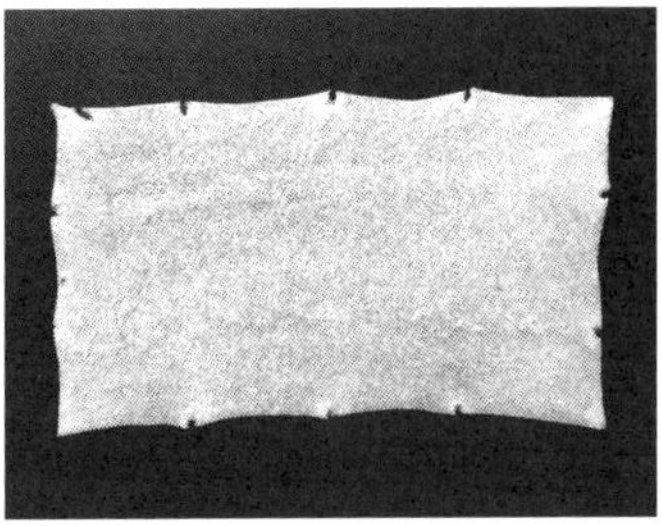

9 **完成！** お好みで縁に褐色の粉末顔料や乾燥した土を擦り込んだり、周囲をゆがませたりすると「宝の地図」みたいに！

八木健治　やぎ・けんじ

羊皮紙工房主宰
自宅の風呂場でひつじの毛を剥ぎ羊皮紙を作ることから出発し、現在は羊皮紙の販売、羊皮紙写本等の展示、および羊皮紙や写本に関する執筆・講演等を中心に活動。『羊皮紙の世界』(岩波書店、二〇二二年)、『羊皮紙のすべて』(青土社、二〇二一年)、『映画で味わう中世ヨーロッパ』(分担執筆、ミネルヴァ書房、二〇二四年)、『図書館情報資源概論』(分担執筆、ミネルヴァ書房、二〇一八年)、『モノとヒトの新史料学』(分担執筆、勉誠出版、二〇一六年)をはじめ、羊皮紙や書写材に関する文章を多数執筆。西洋中世学会会員。
羊皮紙工房ウェブサイト：https://youhishi.com

デザイン　松本孝一
カバー写真　キンマサタカ（パンダ舎）
本文地図　植本 勇

羊皮紙をめぐる冒険

2024年12月1日 初版第一刷発行

著　者　八木健治
発行人　浜本 茂
発行所　株式会社本の雑誌社
〒101-0051
東京都千代田区神田神保町1-37
友田三和ビル5F
電話　03（3295）1071
振替　00150-3-50378
印　刷　中央精版印刷株式会社

定価はカバーに表示してあります。
ISBN978-4-86011-494-7 C0095